健康とスポーツの心理学

田中美吏・松本裕史 編著

嵯峨野書院

は　し　が　き

　武庫川女子大学に着任し，健康・スポーツ科学部の「スポーツ心理学」の講義授業を担当し，今年度（2024年度）で10年目になります。多くの学生がこの授業を受講してきましたが，受講にあたっての動機は「取り組んでいるスポーツや運動の活動に授業内容を活かしたい」「保健体育教諭やスポーツ指導者を目指すにあたって役立つ知識を獲得したい」「スポーツ産業で働いていくための基礎的および応用的な視座を得たい」など様々です。そのような中，これまでの講義を通して切に感じているのが，受講生のスポーツ心理学に対する興味関心の高さと，それに伴う授業内容に対する期待の大きさです。このような雰囲気は本学に留まらず，いずれの大学や専門学校などでのスポーツ心理学関連の授業において生じているのではないかと察しています。

　本書はこのような期待に応えるべく，大学や専門学校などで初めてスポーツ心理学を系統的に学ぶ学生や，同様の動機を持ちスポーツ心理学を学びたいという読者にとって，『健康とスポーツの心理学』の基礎的および応用的知識について全15章を通して学べるよう構成しました。スポーツ心理学は，競技スポーツ，健康のためのエクササイズ，学校体育などの諸場面における心理について身体や運動という要素も大きく交えて理解を深める学問といえます。さらに，これらの諸場面におけるパフォーマンスの発揮や運動の継続に関する諸問題にも迫ります。その基盤として，メンタルトレーニング，臨床心理，運動の制御と学習，教育心理，健康心理，動機づけなどの多様なテーマに関する豊富な研究が古くから行われています。本書ではこれらのなかからスポーツ心理学の初学者に対して学んでほしい基礎的および応用的知識を選定し，3名の著者が各々の専門性も考慮し，精力的に執筆に取り組みました。

　私も大学に入ってから初めて健康科学やスポーツ科学の複数の授業を受けるなかで，新たなスポーツ種目に取り組み始めた経緯も相まって，スポーツ心理学の面白さに魅了されました。本書を手にする学生や読者にとっても，スポーツ心理学の面白さを知り，運動場面に限らず社会生活を送るうえでの様々な場面で活きる有益な講読となることを，著者ら一同，心より願っています。

2024年4月

田　中　美　吏

目　　次

第1章 自己分析

1．心 理 検 査

　自己の競技能力を高めるためには，まず，現状を把握することが第一歩となる。心理的な競技能力を客観的に把握しようとする場合，心理検査が一般的に用いられる。心理検査が対象としているものは，個人差として測定される特定の心理的傾向である（山本，2001）。この心理的傾向とは，特定の心理的概念として定義される。心理的な競技能力を測定する心理検査は，競技場面で自己の実力を発揮するのに必要な心理的概念を測定するものである（徳永，2004）。

（1）心理検査の目的

　心理検査の目的は，自己理解，他者理解，適切な目標設定やメンタルトレーニングメニュー作成，心理的安定，および心理サポートが挙げられる（東山，2016）。ここでは，東山（2016）を参考に心理検査の目的について解説する。

　自己理解とは，自己の心理的な競技能力における強み（長所）と弱み（短所）を理解することである。自己の強みと弱みを知ることで，強みを活かすように日々心掛けながら，弱みを補い強化していくことが可能になる。心理検査は自己理解を深めるために行うが，自己を成長させようとする動機づけにもなる。

　次に，他者理解とは，コーチや指導者などが選手の強みと弱みを理解することである。選手の行動や言動と心理検査の結果を総合的に理解することで，選手への深い理解を促進することができる。コーチや指導者は，選手の強みに注目することで，選手との良好なコミュニケーションを実現するきっかけになる。また，選手同士で心理的特徴に関する情報を共有することは，チームビルディングにつながる。

続いて適切な目標設定やメンタルトレーニングメニュー作成とは，心理検査の結果を参考にしながら，メンタルトレーニングプログラムを計画することである。メンタルトレーニングの技法は，多岐にわたるが，すべてを行おうとすると，すべてが不十分になりがちである。自分にとって最も優先順位の高いメンタルトレーニングメニューは何かを心理検査の結果を基に明確にして，納得感を持って取り組むことが継続的な取り組みにつながる。また，一定期間のトレーニングを実施した後，同様の心理検査を用いて成果を確認することで，トレーニングメニューが自分自身に合ったものなのかどうかをチェックすることができる。

心理的安定とは，心理検査を受けることによって，自己肯定感や自尊感情が高まることである。自己の強みに注目することは，精神的な健康と関連することが指摘されている。心理検査の結果を用いて，選手のウェルビーイングを向上させる取り組みが可能であり，選手の心理検査を使用する抵抗感を低減させる。

心理サポートとは，心理的な支援を行う者が心理検査を通じて，選手との相互理解を促進させることである。心理検査は単なる評価手段ではなく，心理サポートの重要なプロセスである。心理的な支援を行う者はそのことを十分理解して心理検査を用いる必要がある。

（2）心理検査の種類

心理検査の種類は多岐にわたるが，ここでは我が国で開発され，現在も広く使用されている心理的競技能力診断検査（DIPCA.3）と，トップアスリート用に開発された JISS 競技心理検査（J-PATEA）を紹介する。

1）心理的競技能力診断検査（DIPCA.3）

徳永（1996）が開発した心理的競技能力診断検査は，競技場面で選手に必要な心理的な能力を測定および評価する検査である。52 の質問項目に対して 5 段階評価で回答する方式をとっている。測定する内容は，忍耐力，闘争心，自己実現意欲，勝利意欲，自己コントロール能力，リラックス能力，集中力，自信，決断力，予測力，判断力，および協調性である。それらの内容は，競技意欲（忍耐力，闘争心，自己実現意欲，勝利意欲），精神の安定・集中（自己コントロール能力，リラックス能力，集中力），自信（自信，決断力），作戦能力（予測力，判断力），協調性（協調性）の 5 因子に大別される。検査に要する時間は，約 15 分であり，検査後，自己採点と自己評価ができるため，簡便に自己の強

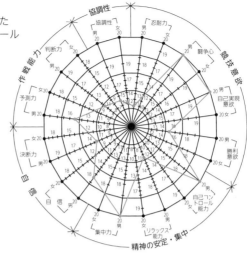

ジュニアカップテニス全国大会で優勝した
Ａ君の心理的競技能力の尺度別プロフィール

図1-1　心理的競技能力診断検査の診断結果の例 (https://www.toyophysical.co.jp/dipca.htm)

みと弱みを理解できる。

2）JISS 競技心理検査（J-PATEA）

　立谷ほか（2020）が開発した JISS 競技心理検査は，トップアスリートに必要な心理的要素を測定するための検査である。40 の質問項目に対して 5 段階評価で回答する方式をとっている。測定する内容は，自己コントロール，集中力，イメージ，自信，一貫性，自己分析力，客観性，目標設定，モチベーション，および生活管理である。それらの内容は，心理的スキル（自己コントロール，集中力，イメージ，自信），自己理解（一貫性，自己分析力，客観性），競技専心性（目標設定，モチベーション，生活管理）の 3 因子に大別される。検査に要する時間は，約 10～15 分であり，検査後，自己採点と自己評価ができるため，この検査も簡便に自己の強みと弱みを理解できる。また，この検査は我が国のオリンピック選手のデータとの比較が可能になっている。

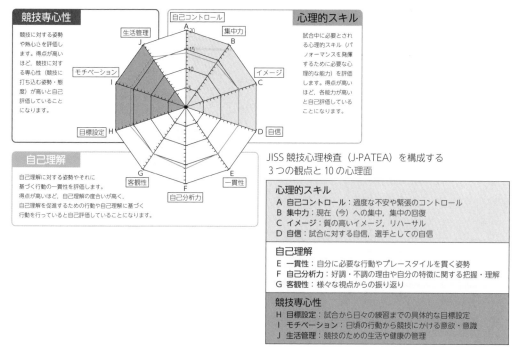

競技専心性
競技に対する姿勢
や熱心さを評価し
ます。得点が高い
ほど，競技に対す
る専心性（競技に
打ち込む姿勢・態
度）が高いと自己
評価していること
になります。

自己コントロール

心理的スキル
試合中に必要とされ
る心理的スキル（パ
フォーマンスを発揮
するために必要な心
理的な能力）を評価
します。得点が高い
ほど，各能力が高い
と自己評価している
ことになります。

自己理解
自己理解に対する姿勢やそれに
基づく行動の一貫性を評価します。
得点が高いほど，自己理解の度合いが高く，
自己理解を促進するための行動や自己理解に基づく
行動を行っていると自己評価していることになります。

JISS 競技心理検査（J-PATEA）を構成する
3つの観点と10の心理面

心理的スキル
A 自己コントロール：過度な不安や緊張のコントロール
B 集中力：現在（今）への集中，集中の回復
C イメージ：質の高いイメージ，リハーサル
D 自信：試合に対する自信，選手としての自信

自己理解
E 一貫性：自分に必要な行動やプレースタイルを貫く姿勢
F 自己分析力：好調・不調の理由や自分の特徴に関する把握・理解
G 客観性：様々な視点からの振り返り

競技専心性
H 目標設定：試合から日々の練習までの具体的な目標設定
I モチベーション：日頃の行動から競技にかける意欲・意識
J 生活管理：競技のための生活や健康の管理

図1-2　JISS 競技心理検査で測定できる内容（https://www.taishukan.co.jp/j-patea/）

（3）心理検査実施上の留意点

　心理検査を行う際にはその長所と短所を理解したうえで実施する必要がある。ここでは，東山（2016）を参考に心理検査実施上の留意点について解説する。

1）実施には被検者（選手）の十分な理解を得る

　被検者が心理検査の目的を理解しないまま検査を受けると，回答が恣意的になったり，いい加減になることがある。検査者は，心理検査の目的や手順を丁寧に説明し，被検者の同意を得たうえで実施する。

2）心理検査の結果は被検者自身のものである

　心理検査の結果は被検者自身が役立てるために使用することが第一義である。したがって，被検者自身が結果を理解できなければ役に立たないものになってしまう。検査結果の理解を促進し，活用できる支援が同時に求められる。また，検査結果は個人情報であり，検査者には守秘義務がある。検査結果を被検者以外が使用する場合は，被検者の同意を得たうえで個人情報の取り扱いに十分な注意を払う必要がある。

3）心理検査でラベリングや選手選考を行わない

　心理検査は，検査を通して被検者の心理的特徴を客観的に把握するものであるが，あくまでそれは被検者の一側面であり，すべてではない。心理検査の結果から，被検者をラベリングしたり，選手選考を行うことは使用方法として望ましいものではない。

4）心理検査は定期的に実施する

　心理検査は定期的に実施することが望ましい。検査の種類によっては検査時のコンディションなどが結果に影響することがある。定期的に実施することで成果の確認やコンディショニングに使用することが可能になる。

5）結果に対する肯定的なフィードバックを行う

　心理検査の結果は被検者にわかりやすく説明するとともに，今後に役立つ肯定的なフィードバックを心掛ける。人は一般的に強みよりも弱みに注目しやすい傾向がある。心理的な支援を行う者がそのことを自覚し，積極的に強みに注目する肯定的なフィードバックを行うことで信頼関係の構築にもつながる。

6）心理検査の短所を理解しておく

　検査者が心理検査を行うことにとらわれすぎると，検査の結果に頼りすぎたり，被検者に対する思い込みを持ったりすることがある。この心理検査の短所を補うためには，被検者に対する観察や面接を併用して，総合的な理解を心掛けることが重要である（宮下，1998）。

7）心理検査についての十分な知識と経験を有すること

　心理検査の実施は，検査者の心理検査に対する専門的な知識が必要になる。使用するそれぞれの心理検査を熟知し，的確なフィードバックが求められる。アメリカでは心理検査利用の不適切な実践に対して注意を促すため，倫理的規準が設けられている（磯貝，2008）。我が国ではそのような規準は設けられていないが，心理検査を利用する際は十分な配慮が求められる。

2．ピークパフォーマンス分析

　自分の最高のプレーができたときの心理的特徴を詳細に分析し，そのときの心理状態の理解を試みることを，ピークパフォーマンス分析という。自らのピークパフォーマンス時の心理的特徴を理解することは，ピークパフォーマンスの再現に向けて有益な情報を含んでいる。ここでは，中込（1994）を参考にピークパフォーマンス分析にクラスタリングを応用した実施方法について解説する。

（1）クラスタリングの準備
　クラスタリングは，付箋を使用して，過去のピークパフォーマンス時の経験を振り返る分析方法である。準備物は，Ａ３用紙，貼り付けが自由にできる付箋を用意する。ピークパフォーマンス分析の見本例があれば，作業を始めやすいため，いくつか閲覧できるように用意しておくとよい。

（2）クラスタリングの作業手順
1）ピークパフォーマンス分析の説明
　実際の作業に入る前に，受講生にピークパフォーマンス分析の意義と目的について解説する。ピークパフォーマンスを経験したことがないという受講生は，練習も含めて自らが最も良いプレーをしたと感じる経験を振り返ることを勧める。

2）ピークパフォーマンスの選択
　自分の最高の成績を収めた場面や最高のプレーができた場面を１つ選択する。近い過去が望ましい。その場面が決まったら，用紙の中央に記入し，線で囲む。用紙の中央には，文字だけでなく，イラストや写真を活用してもよい。

3）ピークパフォーマンス経験の想起
　リラクセーション技法を用いて気分を落ち着かせ，ピークパフォーマンス時の状況を思い出す。その場面までの生活上の出来事（天気，食事内容，試合会場までの移動，家族との会話など）からそのときの考えや気分まで想起されたものはすべて１つずつ付箋に記入する。この時点で，付箋の配列を気にすると想起が妨げられるので，思いつくままに

記入し，用紙に貼っていくだけでよい。

4）付箋のクラスタリング（グループ分け）

　ある程度想起が落ち着いたら，付箋のグループ分けを行う。共通する内容の付箋があれば貼り付け直し，付箋をグループごとに近づけていく。この作業の途中で新たな想起があった場合はその内容を付箋に書き留めて追加していく。

5）クラスタリングの整理

　ピークパフォーマンス経験の想起が終了したら，それぞれのクラスタリングの関連づけを行う。それぞれのクラスタリングが中央のピークパフォーマンス経験へ向かう過程を整理し，クラスタリングの位置を整える。さらに，クラスタリング同士の関連を矢印や線で記入していく。作業をしながら，自らのピークパフォーマンス発揮に関連する要因を分析し，その心理的特徴を把握する。

6）ピークパフォーマンス経験の
##　　ストーリーテリング

　作成したピークパフォーマンス分析シートを用いて，自らのピークパフォーマンス経験をストーリーとして話せるようになっているか確認する。3分程度でスムーズに語ることができるようシートの微調整を行う。この作業を行いながら，聞き手の立場に立ち，シートが見やすいものになっているかを考える。イラストを添えたり，色付けしたりするとなおよい。

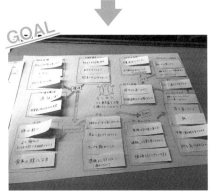

図1-3　クラスタリングの作業手順

（3）ピークパフォーマンス経験の共有

　ピークパフォーマンス分析シートを用いて，ピークパフォーマンス経験のプレゼンテーションを行う。プレゼンテーションを行うことで新たな気づきが生まれ，自己理解を深める機会となる。さらに，お互いのピークパフォーマンス経験の共有は，他者理解につながる。グループワークは5名程度で実施し，進行役の用意やプレゼンテーションを聞く際のルールなどをあらかじめ説明しておくと，スムーズである。

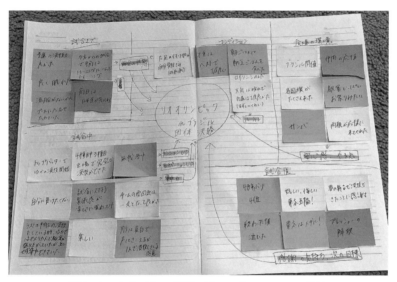

図1-4　オリンピック選手のピークパフォーマンス分析

図1-5　ピークパフォーマンス経験共有の様子

第2章 目標設定

1．目標設定スキル

　目標設定スキルは，スポーツ選手の成長やパフォーマンス発揮を手助けする心理的スキルの1つである。しかし，目標設定の重要性を選手自身やコーチが理解していない場合，そのスキルは向上しない。たとえば，選手が今シーズンの目標を設定したものの，目標を設定したことすら忘れて日々を過ごしていたり，コーチが選手の目標に対するフィードバックを行わなかったりする場合があてはまる。したがって，選手は目標設定に関する原則や理論を知り，自らの経験を積み重ねることによって，目標設定スキルを磨くことが自らの成長や安定したパフォーマンス発揮につながる。一方，コーチも同様に，目標設定に関する原則や理論を学び，選手の目標設定スキルの向上に役立つコーチングにつなげることが，選手の成長やパフォーマンス発揮を支援することになる。

　目標は，主観的目標と客観的目標に分けることができる。主観的目標とは，「自分の力を出し切る」といった目標があげられる。客観的目標とは，「全国大会で3位以内に入る」といった目標である。そして，客観的目標は，結果目標（1勝するなど）と行動目標（1500m走を4分30秒以内で走るなど）に区別される。

　スポーツ活動における目標設定の有効性は，動機づけを高めること，自信を高めること，さらに，パフォーマンスを向上させることなどが報告されている。スポーツ場面で個人に対する適切な目標が設定されると，選手は練習内容や課題に注意を向けるようになり，日々の小さな変化から動機づけが維持され，その結果パフォーマンスが向上するということである。また，目標設定は緊張や不安などの心理状態とも関連する。

2．効果的な目標設定の方法

　目標設定の原理原則にしたがうことが効果的な目標設定において重要といえる。ここでは，Locke & Latham（2002）と松本（2023）を参考に，競技スポーツにおける効果的な目標設定の方法を示す。なお，競技スポーツにおける目標設定は，しばしば試合や大会を想定したものになりがちであるが，日々の練習での目標設定も重要である。優秀な成績を収めたオリンピック選手の特徴の1つとして，日々の練習での明確な目標設定があげられている（Orlick & Partington, 1988）。

（1）目標設定の原則
1）結果目標と行動目標を設定する
　結果目標とは，勝利や順位といった結果を重視した目標であり，行動目標とは，特定の結果を導くために必要で具体的な行動や競技内容を重視した目標である。

　勝敗などの結果目標は，自分ではコントロールが不可能な要因によって決まることもある。それにも関わらず，勝利のみを追求すると，負けることが失敗とみなされるために，選手に対するプレッシャーを高める。これに対して，行動目標は，対戦相手などのコントロールが不可能な要因の影響を受けにくく，自らが行うべきことに集中し，進歩を実感することで動機づけを高めることができる。また，行動目標では達成したい行動が目標とされているため，自分のプレーに集中することができ，緊張や不安が低下する。

2）現実的で挑戦的な目標を設定する
　スポーツにおける目標設定の難易度に関する研究によると，スポーツ場面においてパフォーマンスを向上させる目標設定の難易度は中程度が望ましいと報告されている（マートン, 1991）。簡単に達成できる目標では動機づけが高まらず，反対に難易度が高すぎると，自信が維持できずに目標を意識しなくなる。やればできるかもしれないと感じることができ，自分にとって挑戦と感じる目標を設定することが良い。

3）抽象的でなく具体的な目標を設定する
　抽象的な目標より具体的な目標がパフォーマンスを高めることは容易に想像できる。たとえば，「できるだけ速く走る」という抽象的な目標より「4分30秒以内で走る」と

いう具体的な目標を設定することが望ましい。しかし，人はときとしてネガティブな結果を想像してしまい，抽象的な目標設定に終始することがある。具体的な目標設定は達成できたかどうかの客観的な評価が可能であり，周囲（コーチやチームメイト）から達成についての適切なフィードバックを得ることができる。距離，時間，回数など計測可能な測度を用いて具体的で明確な目標を設定することは目標に意識を集中させることにつながる。

4）長期目標と短期目標を設定する

今シーズンのチーム目標など長期にわたる目標を設定することは一般的によく行われている。しかし，それだけでは達成までのプロセスが見えづらく，人によっては日々のスポーツ活動を動機づける要因にならない場合がある。短期目標を設定すると，達成に関するフィードバックが得られやすく，長期目標に対する動機づけの維持につながる。したがって，短期目標を設定する際は，長期目標につながる目標を段階的に設定することが重要になる。これらは，行動変容技法でシェイピングともよばれる。

5）チーム目標と同時に個人目標を設定する

チーム目標のみではメンバー1人ひとりのコミットメントが生じない場合がある。チーム目標を達成するためには，それに関連したメンバー1人ひとりの個人目標が設定され，その個人目標が一見チーム目標と異なるように見えても，チームの目指す方向性と合っていれば良しとすることが大事である。つまり，チームの目標達成に必要な選手個々の役割を重視した，個人の強みを生かした目標を明確に設定することが重要である。

（2）SMART な目標設定

目標設定を適切に行うための有用な方法として，SMART な目標設定（Doran, 1981）がある。SMART な目標設定とは，SMART の5つの頭文字を使って，目標設定の原則をわかりやすく，簡単に思い出せるようにした目標設定の方法である。表2-1はSMART な目標設定の要素を示したものである。SMART な目標設定の5つの要素は文脈によってそれぞれ意味が異なる場合がある（Swann et al., 2023）。SMART な目標設定は，効果的な目標設定を行う際のポイントをわかりやすく伝えるものとして，積極的に活用することが望まれる。しかしながら，目標設定する際にSMART の5つの要素がすべて重要といえるかどうかは置かれている状況によって異なる。

表 2 - 1　SMART な目標設定

Specific	具体的か？
Measurable	測定可能か？
Achievable	達成可能か？
Realistic	現実的か？
Time-bound	期限が決まっているか？

（3）目標設定のプロセス

　目標設定では，① 現状分析，② 目標設定，③ 遂行，④ 達成度の評価というプロセスを繰り返し行うことが目標設定スキルを高めることにつながり，結果的にパフォーマンスを向上させる。プロセスの各段階での留意点（松本，2023）を以下に示す。

① 現状分析の段階では，自らの現状（技術面，体力面や心理面など）を客観的に評価する。そのために体力テストや心理検査などの繰り返し測定可能な指標を利用することや，コーチやチームメイトの意見を聞く。

② 目標設定の段階では，目標設定の原則を意識しながら目標設定を行うことが望ましい。また，目標が強要されることなく，個人の選択の自由が担保される環境での目標設定が意欲的な行動へとつながる。

③ 遂行の段階では，目標を達成するためのプロセスを明確にする。達成に対する自信を高めるために，どのような方法を，いつごろ用いて，目標を達成するのかについて計画する。また，設定した目標をいつも目に付く場所に掲示しておくことは，意欲を持続する方法として有効である。これらは，行動変容技法で刺激コントロール法とよばれる。

④ 達成度の評価の段階では，目標達成の程度を客観的に評価する。自ら設定した目

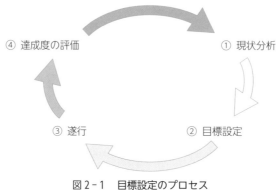

図 2 - 1　目標設定のプロセス

標が達成でき，有能感を高めることにつながれば，おのずと次の目標達成への動機づけが高まる。設定した目標が達成によって自信や有能感を高めるものであれば，新たな変化へ挑戦する心理的なハードルは下がる。

（4）目標設定における留意点

目標設定を行うこと自体は難しいスキルではない。しかしながら，ただ目標設定をすれば動機づけが高まるものではない。目標設定を効果的に行う際に考慮すべき点を以下にあげる。

1）目標設定の意義を理解して実施する

コーチが目標設定の意義を説明せず，選手が納得しないまま目標設定を行うことは，選手の失敗に対する恐怖を高める可能性がある。たとえば，シーズン前に各選手が今シーズンの目標をチーム内で発表する場合が当てはまる。コーチは，目標設定の意義を選手に丁寧に説明し，選手自らが望んで目標を設定できるような場を作ることが望ましい。

2）数多くの目標を設定しない

初心者ほど数多くの目標を設定しがちである。改善したい気持ちが強いほど，数多くの目標を設定していまい，非現実的な目標設定となる。目標設定スキルが未熟な場合は，目標設定を1つか2つ程度に留めておき，また，短期間（2週間から6ヵ月）で達成状況を確認できる目標が望ましい。

3）達成が困難な目標に留まりすぎない

自らが設定した目標を達成するために努力を重ねることは，スポーツ選手として賞賛される行動であるが，設定した目標が高すぎて長期間に渡って達成が不可能な場合，その過程は選手にとって挫折経験を積み重ねる機会ともいえる。自ら設定した目標が高すぎると感じる場合，これまで達成してきた目標レベルまで一旦戻り，成功経験を体験してから再度挑戦するか，目標のシェイピングを行ったうえで再度挑戦することが望ましい。

4）必ずフィードバックを行う

目標設定を行うことは，目標設定スキルを向上させる機会であるが，それは目標設定とフィードバックが組み合わさって実現可能となる。コーチは，選手自らが設定した目

標の効果検証の機会を作り，選手の振り返りとコーチのフィードバックを通じて，選手の目標設定スキル向上に貢献することが望ましい。

3．達成目標理論

　達成目標理論（achievement goal theory）は，1980年代から現在まで研究が続けられている理論であり，スポーツ場面における目標設定が行動や感情に与える影響を考える際に有益な理論である。また，「なぜ，あの選手はあのような目標を立てたのか」と他者の目標設定を振り返る際にも役立つ視点を提供してくれる。
　達成目標理論は，人は自らが有能であることを実感したいという有能さへの欲求を持っている存在であると規定し，自分自身の有能さを感じるために達成目標を設定すると主張する。そして，設定された達成目標の内容や基準によって，動機づけや行動，感情が変化する（西田・小縣，2008）。スポーツ場面でたとえると，「次の大会で前回より良いタイムでゴールする」「あの選手だけには負けない」といった達成目標の内容の違いが個人に影響を及ぼすと考える。人にとって有能さが重要な理由は，有能さが自尊心と結びつくと考えられているからである（上淵，2019）。達成目標理論において，達成目標は「熟達目標」と「成績目標」の2つに大別される。

（1）熟達目標
　熟達目標（mastery goal）は，課題を完了し，自分の能力を向上させることを目標とするものである。学習目標（learning goal）や課題目標（task goal）ともよばれる。スポーツ場面でたとえると，練習や努力などの「過程」を重視し，技術（心理的スキルも含む）の習得や向上などを目標とするものである。たとえば，「次の大会で前回より良いタイムでゴールする」といった目標は熟達目標に属するといえる。熟達目標では，能力があると周りに見られているかということより，自分自身の能力を発揮することに注意を向ける。そして，成功の判断基準は，自己のなかにある絶対的基準（上達する，向上する，達成するなど）である。そのため，熟達目標を設定する人は，失敗を今後の成功への有益な情報源としてとらえる傾向がある。

（2）成績目標
　成績目標（performance goal）は，他者よりも優れていることを誇示したり，周りか

ら高い評価を得ることを目標とするものである。自我目標（ego goal）ともよばれる。スポーツ場面でたとえると，「あの選手だけには負けない」といった「結果」を重視した目標があげられる。成績目標では，自分をできるだけ良く見せることに関心があることから，他者からの能力評価が重要になる。成功の判断基準は，他者比較による相対的基準である。成績目標を設定する人は，努力することは能力の低さをさらけ出すリスクがあると考えたり，失敗を低い能力の証拠としてとらえる傾向がある。

（3）暗黙の能力観

　個人がどのような達成目標を設定し，それがどのような達成行動に結びつくのかは，自己の能力をどのようにとらえているかに影響される（Dweck, 1986）。ドゥエックは自己の能力をどのようにとらえているかを暗黙の能力観とよんでいる。表2-2は能力観，達成目標および行動パターンとの関係を示している。まず，固定的能力観，つまり能力は固定したもので，自分ではコントロールできないものと考える場合は，自分の能力が十分か不十分かに注意が向くことから，成績目標を設定する傾向が強いと考えられる。固定的能力観は，固定マインドセットともよばれる。もう一方は，増大的能力観，つまり能力は柔軟で増大する可能性があると考える場合は，自分の能力をどのように拡大，進歩させることができるかに関心があることから，熟達目標を設定する傾向が強いと考えられる。増大的能力観は，成長マインドセットともよばれる。

　行動パターンとしては，成績目標を設定した場合，自己の現在の能力が相対的に高いと認知したときには成功できる可能性が高いことから，積極的に課題に取り組み，熟達志向型の行動パターンを示すと考えられる。しかし，自己の現在の能力が相対的に低い

表2-2　能力観，達成目標および達成行動との関係（Dweck, 1986）

能力観	達成目標	現在の能力についての自信	行動パターン
固定的能力観 （能力は固定的） →	成績目標 （目標は有能さに関する肯定的な評価を得て，否定的な評価を避けること）	→ 高い場合 →	熟達志向型 挑戦を求める 高い持続性
		低い場合 →	無力感型 挑戦を避ける 低い持続性
増大的能力観 （能力は可変的） →	熟達目標 （目標は有能さの向上）	→ 高い場合 もしくは 低い場合 →	熟達志向型 挑戦を求める 高い持続性

と認知している状態で成績目標を設定した場合，失敗する可能性を高く見積もることから，課題への意欲的な取り組みを避けて能力の低さを隠そうとする。また，場合によっては，あえて自己不調の訴えや努力の差し控えなどのセルフハンディキャッピング方略を多用するようになる。したがって，挑戦を避ける傾向があり，無力感型の行動パターンに陥りやすい。さらに，課題の選択に関しても，確実に成功できるやさしい課題か失敗しても能力の評価に影響しない極めて難しい課題を選択する傾向がある。これに対して，熟達目標を設定した場合，自己の成長のために努力すること自体が成功としてみなされるので，能力の高低は成功に影響しないものと考えられている。そのため，自己の現在の能力の認知に関わらず，熟達志向型の行動パターンを示すと考えられる。また，課題の選択は自分の能力や技術を最大限に発揮する最適挑戦レベルの課題を選択する傾向がある。

第**3**章 集中力と注意のコントロール

【学習目標】
① スポーツでの集中力と注意について説明できるようになる。
② 集中力を発揮するためや強化するための方法を学び，実践できるようになる。

1．集中と注意とは？

（1）集中力と注意の関係

　スポーツ時や日常生活において何らかの作業をするときに，「集中力（concentration）」という言葉が頻繁に使われ，この言葉の方が「注意（attention）」という言葉よりも馴染みが深い。図3-1に示した意識の構図から考えると，「注意」は「知覚」に内包され，さらに「集中」は「注意」に内包される。幅広い情報に意識を向けることが「注意」であるが，「集中力」とはさらに少ない，極端には1つの情報に意識を向け，さらにはスキルを遂行するときに注意を維持し続ける時間も「集中力」の1つの要因と考えられる。スポーツスキルを遂行するときに「集中力」を発揮するためには，① 必要な情報に注意を向ける，② 不要な情報や外乱に注意を乱されない，③ 必要な情報への注意を持続する，これら3つが求められる（徳永，2005）。

　スポーツの試合場面における心理的競技能力を診断する検査では，全12尺度の1つが『集中力』の尺度であり，「落ち着いたプレー（動き）ができなくなる」「冷静さを失うことがある」「観衆のことが気になって注意を集中できない」「勝敗のことが気になって集中できない」の質問項目で構成されている。したがって，落ち着いて冷静に動きやプレーができ，周辺環境や勝敗を気にせずにプレーできている状態が，スポーツの試合場面において集中力が高まっている状態と考えられる。

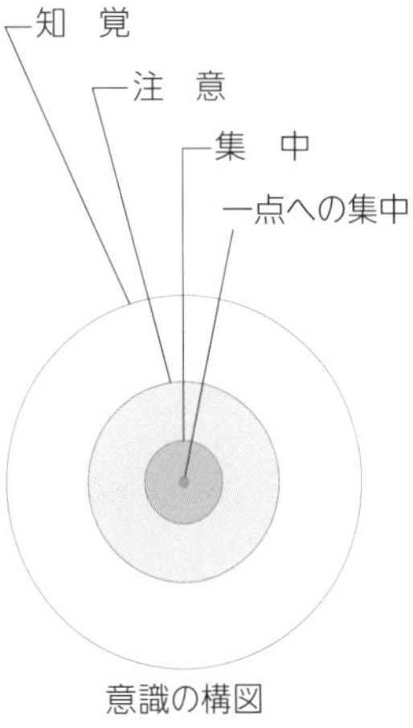

知　覚
注　意
集　中
一点への集中

意識の構図

図 3-1　注意と集中の関係
（ガルウェイ，1976
より一部改変）

（2）選択的注意と分割的注意

　スポーツスキルを遂行する際には，周辺環境からの膨大な量の感覚情報の入力があるなかで，必要な情報を利用する。このように，膨大な量の感覚情報のなかから，スキルの遂行に対して必要な情報のみを選び出す処理機能を注意といい，入力された情報のなかからどの情報を選び出すかに関わる機能を選択的注意とよぶ。何かに意識を向けるということは，意識的に選択的注意機能を働かせるということに置き換えられる。

　また，選び出された複数の情報を処理する能力には限界があり，これは図3-2に示す注意容量の概念で説明できる。限りある注意容量のなかで，選択された複数の情報を振り分けながらスポーツスキルは遂行され，この機能は分割的注意とよばれている。図3-2ではサッカーのドリブルを例に，運動学習の進捗と分割的注意の関係が示されている。スキルレベルの低い者はドリブルに対して多くの注意を分割する必要があるため，その他に多くの注意を分割できない。しかしスキルレベルの高い者は，ドリブルのスキルが自動化されているために使用される容量は少なく済み，たとえば相手ディフェンダーの動きに対する注意など，その他に多くの注意を分割できる。

（3）能動的注意と受動的注意

　注意と聞くと，刺激や情報に対して意識を向ける意識的な認知過程と考えるが，無意識的な注意も存在する。意識的な注意は能動的注意とよばれ，無意識的な注意は受動的注意とよばれる。スポーツを例に考えると，対人競技におけるフェイントが受動的注意の典型例である。相手のフェイントに騙される立場から考えると，相手の攻撃を止めるために相手の動作に意識的に注意を向けているが，相手のフェイント動作によってその動作に無意識的に注意が奪われ，最初に注意を向けていたポイントから意識が逸れて，相手に攻撃や突破を許してしまう。スポーツスキルの遂行には能動的および受動的の2

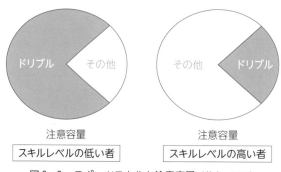

図3-2　スポーツスキルと注意容量（荒木，2011）

つの注意が機能している。

2．スポーツ中に注意を向ける対象

（1）注意の2次元モデル

　注意の2次元モデルを基にすると，スポーツスキルを遂行するときの選択的および分割的な注意機能をもう少し具体的に理解することができる（Nideffer, 1976）。このモデルでは選択的注意を向けるポイントを「外的－内的」および「広い－狭い」の2つの次元から分類しており，「外的－内的」の次元では，身体外の環境に対する注意は「外的」，スキル遂行時の身体や動作に対する注意は「内的」に位置づけられる。「広い－狭い」の次元では，注意を向ける幅を表し，スキルの遂行に対して間接的に遠い関係にあることに対する注意は「広い」，直接的で近い関係にあることに対する注意は「狭い」に位置づけられる。

　図3-3には，ゴルフを例に，2次元モデル内の4つの各象限における選択的注意の具体例を示した。スポーツを実施する際には，どのような種目においても，この例のように4象限に対応した選択的注意が存在する。状況に応じて4つの各象限への注意を適切に切り替える能力も，スポーツ選手には求められる。さらには，注意容量を超えない範囲で，これらの4つの象限内から必要なことを選択し，注意を分割しなければならない。

（2）内的焦点と外的焦点

　スポーツをするときに，フォームなどのように身体の内部に注意を向けることは，内

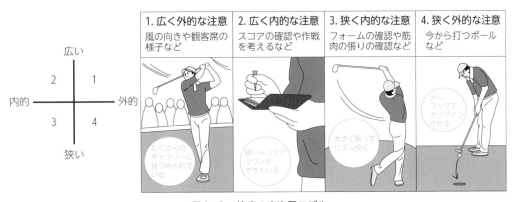

図3-3　注意の2次元モデル

的焦点（internal focus）ともよばれる。上述の注意の2次元モデルにおける「狭い－内的」な注意を指す。一方で，投げるスキルにおいてボールの軌道やターゲットに注意を向けるように，注意の2次元モデルにおける「狭い－外的」な注意は外的焦点（external focus）ともよばれる。さらに，ジョギングなどの長い時間の運動時に内的焦点に注意を向けることはアソシエーション方略（association strategy）とよばれ，周辺環境を見ながら運動を楽しむなどのように内的焦点から注意を逸らすことはディソシエーション方略（dissociation strategy）とよばれる。

　では，スポーツスキルの学習や実力発揮に内的焦点と外的焦点をどのように活用するのが有効であろうか。学習初期の初心者に対しては内的注意の有効性を確認する研究もあるが，様々なスポーツスキルを対象に内的焦点に注意を向けることのパフォーマンスに対する弊害が実証されている。自動化にまで至った無意識的なスキルが，内的焦点によって脱自動化してしまうことが原因であると考えられている。

　スポーツスキルの学習過程において，高いパフォーマンスの発揮につながるフォームを作り上げるときや，不調時にフォームの乱れを修正するときなど，選手や指導者は内的焦点を利用しがちである。内的焦点および外的焦点に関する一連の研究は，内的焦点の利用を完全に否定するものではないが，過剰な量，もしくは不適切なポイントへの内的焦点は，スキルの学習や試合場面における実力発揮にマイナスの影響をもたらすことを提言している。さらに，外的焦点を利用することの有効性も選手や指導者は知っておくと助けになる。

3．集中力を発揮するためのテクニック

（1）フォーカル・ポイント

　『目は口程に物を言う』のことわざの通り，注意・集中には眼球運動が関与する。たとえば，集中が高まっているときには瞳孔径が大きくなり視点が一点に定まるが，集中力の低下や注意散漫が生じているときには瞳孔径が小さくなり，さらには「眼が泳ぐ」といったように視点は様々な箇所に移る。

　集中力が高まっている様を身体で表現するときに，我々は眼を大きくし，力強い眼差しをするようになる。このように，集中が高まっているときの眼の状態を意識的に作ることが，集中力を高めることに貢献する。図3－4では，野球の投手が投球前にボールの縫い目を見つめることによって集中力を高めている様子が描かれているが，スポーツ

の練習場面や試合場面において身近にあるもののなかから小さな一点（フォーカル・ポイント）を探し，その一点を数秒間見つめることによって集中力を高めることができる。

図3-4　フォーカル・ポイント

（2）ルーティンの実行

ルーティンとは，「日課」「儀式」「所定の順序」「決まりごと」などと訳すことができ，スポーツにおいてはプレーをする直前において特定のパターン化された思考や準備行動を常に実行することを指す。動作の開始前に行うことからプリ・パフォーマンス・ルーティンともよばれる。練習の段階から自分のルーティンを確立し，試合においても常に同じルーティンを実行することで，注意を一定に保つことができ，パフォーマンスの低下を防げる。

スポーツ選手がルーティンを導入する際に，図3-5のファイブステップ・アプローチを考慮すると有効である。ファイブステップ・アプローチでは，ルーティンを構築するうえで必要な5つのポイントが提唱されており，それら5つのポイントをスポーツスキルの遂行の際の時間経過に伴ってどのように実行するかを表したモデルである。「準備」の段階では，身体，自信，期待，感情といった心身の状態を一定に保ち，準備動作も一定にする。その後に，ベストプレーをする明瞭な成功「イメージ」を描き，スキルに関連した「外的注意焦点」に意識を向ける。そして，注意焦点をそのままに保ちながら「静かな心で実行」する。プレー終了後には実行した動作やパフォーマンスの質，さらには戦略の事後「評価」を行い，次のプレーに向けて自分自身にフィードバックし，

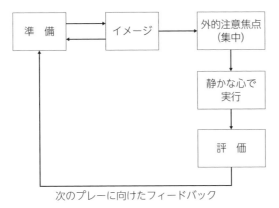

図3-5　ファイブステップ・アプローチ (Singer, 2002)

次のプレーも再度「準備」から入るという流れである。

（3）集中する時間と場所を決める

　注意や集中を持続させることを持続的注意というが，長時間に渡って持続的注意を維持させることは難しい。そこで，集中する時間や場所を決めてスポーツに取り組むことも集中力の発揮に有効である。たとえば，心のなかに集中力のスイッチを作り，集中力を発揮したい場面ではそのスイッチをオンにし，それ以外の場面ではスイッチをオフにすることによって，集中する時間と集中しない時間を分けることができる。また，グラウンドや体育館に入ったときには集中力のスイッチをオンにし，グラウンドや体育館から出るときにはスイッチをオフにするといったように，集中力を発揮する場所とそうではない場所を分けてスポーツに取り組むことも有効である。

（4）今やるべきことに注意を向ける

　『前後裁断』という四字熟語がある。『前』は過去，『後』は未来を指すが，過去と未来を裁ち切り，残された『今現在』に集中することを説いた禅の教えである。スポーツにおいても集中していないときには，過去や未来のことを過剰に思考していることが多く，過去のミスを引きずることや，未来の結果を考えすぎることなどが挙げられる。英語でも『Now and here』というように，過去や未来に囚われず，今ここでやるべきことに注意を向ける思考法によっても集中力は高められる。

4．集中力を強化するためのトレーニング

（1）妨害法や二重課題法

　スポーツの試合では，練習とは異なる環境（会場の広さ，天候，対戦相手の存在など）で行われることがほとんどであり，そのような中においても集中力と注意をコントロールすることが求められる。さらに，観衆や対戦相手の声などのように集中力を乱す外乱も存在するようになる。そこで図3−6のように，練習時に試合場面において集中力が乱されるような状況を想定し，大きな音の音楽を流すなどの外乱を生じさせ，集中力を妨害したなかで練習に取り組む。このような妨害法を取り入れた練習によって，練習とは異なる環境や様々な外乱があるなかでも集中力を維持し，パフォーマンスを発揮することにつながっていく。

　前述の図3-2ではサッカーのドリブルを例に，注意容量の概念を説明したが，スポーツのパフォーマンスに対して主となる運動課題（たとえばサッカーのドリブル）は主課題とよばれ，主課題に取り組むときに主課題以外の課題（たとえば発話や暗算など）に取り組みながら運動を行うことを二重課題法という。妨害法も二重課題法の1つであり，二重課題法では注意容量に負荷がかかるため，主課題

図3-6　妨害法を取り入れた練習

に十分な注意を配分し，パフォーマンスの発揮に繋げることが難しくなる。しかしながら，このような注意容量に負荷をかける練習に継続的に取り組むことで，主課題にも十分な注意を配分できるようになっていく。そして，試合場面での外乱がある状況においても，注意や集中をコントロールしながらのプレーが可能になる。

（2）作　業　法

　スポーツの練習以外の場面では，忍耐力を要する課題に取り組む作業法によって，持続的注意を強化し，スポーツの諸場面での持続的注意の発揮に繋げることができる。テニス選手やゴルフ選手が，テニスボールやゴルフボールをいくつまで積み上げられるかに挑戦するようなことが作業法の例であり，スポーツ以外の取り組みによっても集中力を強化することができる。

（3）リラクセーション技法やマインドフルネス

　第6章で解説されている種々のリラクセーション技法や，マインドフルネスな心理状態に至るための手法に日々取り組むことも集中力の強化に有効である。

第4章 思考のコントロール

1．認 知 と 思 考

　我々は，スポーツを行う前，行っている最中，行った後などの様々なタイミングにおいて色々なことを思考しながら，スポーツに取り組む。考える，知る，覚える，コミュニケーションすることに関連する心的プロセスを認知といい（マイヤーズ，2015），思考は認知の一部である。我々の思考の特徴や，それらが運動の学習やパフォーマンスにどのように影響するかについていくつかのトピックを紹介する。

（1）努力か？才能か？

　人の思考の習慣をマインドセット（mindset）という。我々は，素晴らしいアスリートを目にしたときに，「あの選手は多大な努力や練習を重ねている」と考えることもあれば，「あの選手は生まれながら才能に溢れている」と考えることもあろう。アスリートが持つ能力が「努力か？才能か？」のどちらに起因するかを考えるときに，努力やそれに伴う成長を重視する思考を増加理論（incremental theory）といい，生まれながらの才能を重視する思考を実体理論（entity theory）という。分かりやすく言い換えると，前者は成長マインドセット，後者は固定マインドセットという（図4-1）。

　固定マインドセットの思考が強い人の特徴として，自己の能力を他者に見せることに傾注する，他者評価を過剰に気にする，結果を重んじるためにミスや負けに対して強く落ち込む，自分の課題克服のための努力や次への挑戦を回避するなどがある。一方で，成長マインドセットの思考が強い人の特徴には，パフォーマンスが低いときにも努力で改善できると考える，自己の課題克服に対して時間をかけて粘り強く取り組む，結果よ

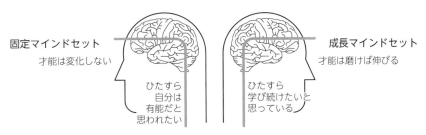

固定マインドセット
才能は変化しない

ひたすら
自分は
有能だと
思われたい

成長マインドセット
才能は磨けば伸びる

ひたすら
学び続けたいと
思っている

図4−1　成長マインドセットと固定マインドセット (ドゥエック，2016)

りも成長していく過程に意味を持つなどが挙げられる。成長マインドセットは，スポーツだけではなく，学業，ビジネス，対人関係などの様々なことに役立つ思考法である。

（2）皮 肉 過 程

　たとえばサッカーでは，ゴールマウスにボールを入れることを目標にシュートを放つ。このようにスポーツ中に，目標とする望ましい結果に対して思考することを実行処理という。一方で，ゴールマウスの外にシュートを外してはいけないといった思考も生じ，望ましくない結果に対して思考することを監視処理という。実行処理と監視処理の両方が働きながらスポーツ中には様々な思考が生じるが，「〜してはいけない」という監視処理の思考が強いと，「〜してはいけない」と考えるものの「してはいけない」行動やエラーが生じてしまう。「してはいけない」と考えるにも関わらず，皮肉にもそのことをしてしまうことから皮肉過程とよばれ，これによって生じるエラーを皮肉エラーという。

　ゴルフで池に入れてはいけないと思うと池に入れてしまう，体操において鉄棒から落下してはいけないと思うと落下してしまうなど，どのスポーツにおいても皮肉エラーの例は枚挙にいとまがなく，プレッシャーがある状況では皮肉エラーはさらに生じやすくなる。皮肉エラーが生じるときの視線行動を調べる研究によって，サッカーのシュートを外してはいけないと思うと，ゴールマウスの外を注視する回数が増えるように，視線行動が皮肉エラーに関与することが分かっている。

（3）ステレオタイプ

　経験，先入観，印象などによって偏った思考をすることを認知バイアスという。認知バイアスには様々な種類があるが，スポーツのパフォーマンスに影響するものとしてステレオタイプがある。血液型別性格や県民性などがステレオタイプの例である。ステレオタイプとは，ある集団に対して一般化した印象を持つことであり，それが合っている場合もあるが，しばしば一般化しすぎて誤っている場合が多い。スポーツにおいても自

らの属性に合致する集団に対するネガティブなステレオタイプを意識することで，パフォーマンスが低下することがあり，ステレオタイプ脅威という。

性別や人種に関するステレオタイプ脅威を実証する実験がいくつか行われている。性別に関しては，その実験で用いるスポーツの課題について，男性は女性よりも苦手とする，もしくは女性は男性よりも苦手とするというステレオタイプの事前知識を与えると，男性と女性の両方においてその課題のパフォーマンスが低下する。人種に関しては，黒人は身体能力が高く，白人は知性が高いというステレオタイプを有することから，スポーツのテストを行うときに，身体能力を測定するためのテストであることを伝えられると白人のパフォーマンスが低くなり，スポーツの知性を測定するためのテストであることを伝えられると黒人のパフォーマンスが低くなる。したがってスポーツでは，ポジティブな先入観や印象がパフォーマンスを促進することもあれば，ネガティブな先入観や印象がパフォーマンスの弊害となることもある。

（4）ネガティビティ・バイアス

我々は，身の回りの環境のなかにあるポジティブな刺激に対してよりも，ネガティブな刺激に対して注意が向きやすいという特徴を持ち，ネガティビティ・バイアスという。ディスプレイ上で蛇をいかに早く発見できるかを調べる実験では，幼児から大人まで共通して，寝ている蛇よりも攻撃態勢の蛇の方を早く発見した。さらに，ディスプレイ上で笑顔や怒り顔をいかに早く発見できるかを調べる実験では，笑顔よりも怒り顔の方が早く発見できることが分かっている。スポーツにおいても対戦相手の脅威や指導者の怒りなどのネガティブな刺激に対して注意が向きやすいことを意味し，それにともなってネガティブな思考や感情に陥りやすくなる。

（5）防衛的悲観主義

物事に取り組むときに成功を想定することを楽観主義といい，失敗を想定することを悲観主義という。前者はポジティブ（積極的）な思考，後者はネガティブ（消極的）な思考と捉えられ，ポジティブな思考は良いもの，ネガティブな思考は悪いものと判断されやすい。しかしながら，悲観主義のなかにも，成功に繋げるための適応的な悲観主義も存在し，防衛的悲観主義という。

表4-1では，真の悲観主義，防衛的悲観主義，楽観主義の主な特徴がまとめられている。防衛的悲観主義者は，過去の成功経験があるなかでこれからの取り組みに対して

表 4 - 1　真の悲観主義，防衛的悲観主義，楽観主義の特徴 (外山, 2019)

	真の悲観主義	防衛的悲観主義	楽観主義
過去に似たような状況では，よい結果をおさめていることを認識している	×	○	○
これから行うことに対して，入念に準備し努力する	×	○	○
失敗についてあれこれ考え込んで広く熟考する	○	○	×
成功についてあれこれ考え込んで広く熟考する	×	○	×
不安が非常に高い	○	○	×
非現実的に低い期待しか持たない（失敗すると考える）	○	○	×
高いパフォーマンスを示す	×	○	○

入念な準備を行う点では楽観主義と同様であるが，それらとともに今後の取り組みの失敗や成功に対して熟考し，不安が高く，期待が低いなかで高いパフォーマンスを発揮する。したがって，防衛的悲観主義者は過去の成功経験が今後も継続するものとは思わずに，今後の取り組みに対して予期できる悪い事態も想定し，それらに対して入念な準備を行う。そのような際に，ネガティブな思考や高い不安を伴いながら高いパフォーマンスに繋げていくタイプといえる。

2．ポジティブな思考の作り方

（1）発言やセルフトーク

　自分自身に語りかける心の声をセルフトークという。日常生活やスポーツ時には様々なセルフトークが生じるが，セルフトークは自身のやることや，やったことに対する解釈を含み，教示と動機づけの 2 つの機能によって感情や行動に影響する。セルフトークもネガティブな思考とポジティブな思考のそれぞれを反映するものに分けられる。ポジティブな思考やそれに伴うセルフトークを増やそうとする前に，ネガティブな思考に伴って生じるネガティブな発言（たとえば，「できない」「面倒くさい」など）やセルフトークを減らすことに傾注してほしい。

　さらに，失敗をした後の言い訳を準備しないことにも取り組める。スポーツにおいて結果や内容，それらに対する評価に自信が持てずに，事前にハンディキャップ（言い訳）を作り，発言することをセルフハンディキャッピングという。失敗したときの原因をそのハンディキャップに起因させて自尊心の低下を留め，反対に成功した場合にもそのハ

ンディキャップがあるなかでの成功によって自尊心を高められることにセルフハンディキャッピングは機能する。しかしながら，ポジティブな思考や動機づけを伴わせながらスポーツに取り組むという観点からは，セルフハンディキャッピングは望ましいものではなく，ハンディキャップを設ける思考を減らすことが勧められる。

（2）認知の思考の置き換え

　ネガティブな思考をポジティブな思考に変換することを認知の置き換えという。スポーツの場面においてネガティブな思考が生じた際に，まず思考の停止を行う。その後に，生じたネガティブな思考をポジティブな思考に変換させる。この作業を繰り返し継続的に行うことで，ネガティブな思考が生じたときにポジティブな思考に切り替えることが上手くできるようになる。図4-2のように認知の置き換えをトレーニングするためのワークシートを活用し，スポーツに関するネガティブな思考をポジティブな思考に置き換えることに取り組むことも効果的である。

（3）コントロールできることに注意を向ける

　ネガティブな思考や感情の原因として，コントロールできない事象に注意を向けることが挙げられる。たとえばスポーツでは，試合会場の環境や雰囲気，指導者の言動，審判の判断などである。自身ではコントロールできないにも関わらず，これらの事象に注意が向き，ネガティブな思考や感情を生起させ，パフォーマンスに負の影響を及ぼす。これを防ぐためには，自身が取り組むスポーツにおいて自身でコントロールできる事象と，コントロールできない事象を分けておき，コントロールできないことに対する注意

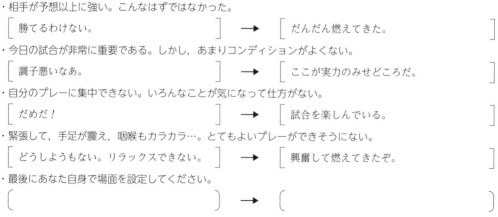

図4-2　認知の置き換えのワークシート (中込，1994)

や思考は排除し，コントロールできることに注意を向け思考する。コントロールできる事象の例としては，コンディションを整えることや準備を行うこと，プレーに対する集中を高めること，チームの雰囲気を自らが高めることなどがある。

（4）表情や姿勢をポジティブにする

　思考や感情などの我々の心理は，表情や姿勢などの身体や運動によって変えることができる。ジョギングをした後の爽快感は，この典型例である。身体の状態に応じて思考が影響を受けることを身体性認知（embodied cognition）という。温かいものを手に持ちながら人と接すると冷たいものを持ちながら接するときよりも他者を温かい人物と評価しやすくなる。さらに，面接員が重いものを持って面接をすると面接者を重要な人物と評価しやすくなることなどが，日常生活における身体性認知の例である。

　スポーツにおいてポジティブな思考を作ることに対しても，身体性認知を役立てられる。その1つとして，ポジティブな表情づくりが挙げられる。作り笑顔をして漫画を読むと，漫画を面白いと評価することを明らかにした実験のように，笑顔を作ることでポジティブな思考を作ることに繋げていくことができる。その他にも，集中力を高める眼，凛とした表情などのように，目標とする心理状態に応じた表情を意図的に作ることも有効である。

　次に，姿勢を良くすることも効果的である。ポジティブおよびネガティブな思考は身体の姿勢に影響され，図4-3の左のイラストでは背筋を伸ばした姿勢で椅子に座り，右のイラストではうなだれた姿勢で椅子に座っている様子が描かれている。左のイラストの背筋を伸ばした姿勢のように，身体を広げた力のあるポーズはハイパワーポーズといい，ポジティブな思考，感情，行動を生む。一方で，右のイラストのうなだれた姿勢

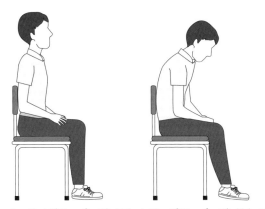

図4-3　ハイパワーポーズ（左）とローパワーポーズ（右）の例

のように，小さく縮こまった力のないポーズはローパワーポーズといい，ネガティブな思考，感情，行動を生み，ストレスも感じやすくなる。

3．心と身体の関係

　心と身体を独立したものと捉えることを心身二元論という。一方で，心と身体は相互作用するという考え方を心身一元論という。『心身相関』『心身一如』の言葉も心身一元論と同義である。心理学では古くから思考や感情の心理面と身体の行動面との関係について，どちらが先立つかについての論争がされてきた。悲しみの感情と泣く行動について，「悲しいから泣く」もしくは「泣くから悲しい」のどちらが正しいかといった議論がその例である。「悲しいから泣く」のように心理面が先立つ方はキャノン‐バード説とよばれ，「泣くから悲しい」のように行動面が先立つ方はジェームズ‐ランゲ説とよばれる。図4‐4のように，脳内にはそれぞれの説を裏付ける別の経路が存在することからも，両方の説が正しく，我々の心理と行動は，「心理→行動」と「行動→心理」の相互作用があることが脳科学の視点からも理解できる。

　本章で学んだ思考のコントロールに代表されるように，本書籍で学ぶ様々なスポーツメンタルトレーニングの技法は，「心理→行動」と「行動→心理」の両方に基づいたものといえ，心身の相互作用を考慮しながら，本章で学習した内容をスポーツに役立てていただきたい。

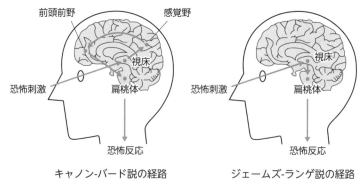

図4‐4　感情を生み出す脳内の2つの経路 （マイヤーズ，2015を改変）

第5章 イメージと観察

【学習目標】
① イメージについて理解を深め，イメージトレーニングに取り組めるようになる。
② 観察学習と自動模倣について学び，そのメカニズムとなる社会的認知理論やミラーニューロンシステムについて理解する。

1．イメージ

（1）イメージの種類

　イメージ（imagery）とは心像のことであり，「大ざっぱにいえば，人が心の中に抱く絵のようなもの」といえる（田嶌，1992）。心のなかに抱く絵は自由なものであり，その種類は多様である。スポーツに関するイメージは，内的イメージ（一人称的イメージ）と外的イメージ（三人称的イメージ）の2種類に分類できる。内的イメージとは，スポーツスキルを遂行している姿を，自分を中心とした視点から想起するイメージであり，分かりやすくいうと「しているイメージ」である。筋感覚や運動感覚の記憶を利用することから，筋感覚的運動イメージともよばれる。

　一方の外的イメージは，ビデオに映る自分を客観的に見るように，他者を中心とした視点からスポーツスキルを遂行している自分を想起するイメージであり，分かりやすくいうと「見ているイメージ」である。視覚的運動イメージともよばれ，チームスポーツにおけるフォーメーションや戦術を考える際によく用いられる。内的および外的の両イメージとも，スポーツスキルの学習には必要である。

（2）イメージと運動制御

　スポーツスキルのイメージは，心のなかで思い描くものであり，動作を発現させるものではない。このように動作の発現がないにも関わらず，イメージを想起することはスキルの学習に有効である。その理由は，動作が発現するときと同様の，脳，筋，自律神経などの運動制御や神経の機能がイメージによって活動するためである。Jacobson（1932）

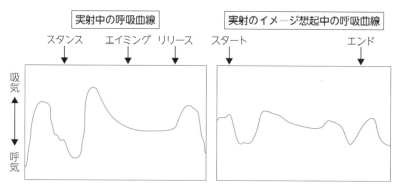

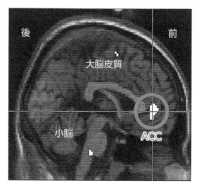

図5-1　アーチェリー選手の実射時とイメージ時の呼吸活動 (松田・杉原, 1987)

による，ハンマーを振る動作イメージによって上腕二頭筋に微細な筋活動が生じることを示した研究に端を発しているが，その他の研究として図5-1には，世界新記録樹立やオリンピック入賞経験のあるアーチェリー選手における実射中とイメージによる射撃中の呼吸活動が描かれている。呼吸の大きさは異なるが，吸気や呼気のタイミングはイメージ時と実射時においてかなり類似している。さらに図5-2には，スキー選手に滑走経

図5-2　スキー滑走のイメージの脳活動
(山崎, 2012)

験のあるコースを滑るイメージを想起させた際の脳活動が示されている。この図では，感情の生起に関わる脳部位である前帯状皮質（ACC：anterior cingulate cortex）の活性が示されており，不安や恐怖などのようなスポーツスキルを実際に遂行するときの感情状態をイメージによって作り出せていることを示唆する。

（3）イメージトレーニング

1）イメージトレーニングの効果

　イメージトレーニングとは，身体を動かさずにスポーツスキルのイメージを日々継続的に想起することである。他の教材では，メンタルプラクティスやメンタルリハーサルなどと紹介されることもあるが，イメージトレーニングと同義である。イメージトレーニングを実施することの効果として，① 現在練習しているスポーツスキルの習得や習熟，② 集中力の向上などの感情の強化，③ 試合の疑似体験がある（荒木, 2011）。試合前にその試合が行われる会場などの雰囲気や，対戦相手，試合展開などをイメージすることは，緊張の低減や，試合場面における不足の事態への対処につながる。つまりイメージ

トレーニングは，練習におけるスキルの習得や，試合における実力発揮に有効な練習方法である。

2）イメージトレーニングにおける留意点

　イメージの質として重要視されるのが，正確性（実際の動作と一致しているか），明瞭性（いかに鮮やかに描けるか），統御可能性（イメージを自由にコントロールできるか）の 3 点である（中込ほか，2012）。質の高いイメージを想起するために必要となるのが，心身のリラックスと集中力である。イメージトレーニングを実施する前に，部屋の明るさや音などの環境をまずは整えなければならない。また，腹式呼吸や筋弛緩法などのリラクセーション技法を用いて，心身のリラックス状態を作ってからトレーニングを始めることも必要である。

　トレーニングの初期段階には，これらの 3 点に関して質の高いイメージを描きにくいという問題が出てくる。そのようなときには，好きな色，好きな風景，スポーツの用具などのような想起しやすいものを，スキルをイメージする前段階においてイメージするという方法がある。自分がスポーツをしている場面を撮影したビデオ映像を見ることも質の高いイメージの想起につながる。さらに，イメージするスキルの特徴や重要なポイントを短い言葉で表現するキューワードを利用することも有効である（中込，1994）。水泳選手がラストスパートをイメージするときに「ターボエンジン」のキューワードを想起することや，剣道選手が攻撃的な気持ちになるために「めらめらと燃えている炎」をキューワードとして用いることなどがその例である。

3）イメージトレーニングの手順

　表 5-1 には，イメージトレーニングを実施する際の手順の一例が示されている。トレーニングを開始する初期段階では 1 ～ 2 分の短時間でのイメージを，休憩を挟みながら 3 回繰り返し，トレーニングに慣れるにしたがってその時間を徐々に伸ばしていく。最大でもイメージを想起している時間は 15 分である。

　試合を想定したイメージトレーニングには，シナリオやストーリーを作成し，利用することが勧められる。図 5-3 は，試合におけるストーリー

表 5-1　イメージトレーニングの手順
（徳永，2005）

1．静かな部屋。 2．閉眼で椅子に座る，または仰向けに寝る。 3．1 ～ 2 分イメージ→ 1 ～ 2 分休む→　1 ～ 2 分イメージ→ 1 ～ 2 分休む→　1 ～ 2 分イメージ。 4．イメージの時間を 3 ～ 5 分まで延ばす。30 分以内。

を作成するためのワークシートである。日時，天候，試合前の状況など，詳細かつ具体的にストーリーを設定する。また，イメージトレーニングと聞くと，順調な試合展開のなかでのベストプレーをイメージするという印象が強いが，それだけではなく，試合における不足の事態や，困難な状況，対戦相手の強さなど，様々な状況を想定したイメージを描くための複数のストーリーを用意しよう。

（4）比喩表現やオノマトペの活用

　たとえば，テニスやゴルフにおける種々のスキルの学習に対して，道具（ラケットやクラブ）を握る力の強さは重要である。道具を握る最適な力を身に付ける際，「最大握力の○○％ほどの強さで握る」などの具体的な言葉を意識して練習に取り組むこともできるが，「歯磨き粉が出ない程度の強さで歯磨き粉のチューブを握る」といった比喩表現や，「ふわっと軽く握る」といった擬態語や擬音語を意識して練習する方法もある。擬態語や擬音語はオノマトペといわれ，従来のスポーツの練習場面では具体性に欠く内容であるため，その使用は敬遠される傾向にあった。しかし近年では，スポーツスキルの学習時に比喩表現やオノマトペを活用することの効果が認識され始めている。オノマトペの利用によってイメージが促進されることが，学習に有効な1つの理由と考えられる。図5-4には，スポーツスキルの学習場面において使用される比喩表現やオノマトペの例を示した。

"イメージストーリー" 設定シート

【目　的：　　　　　　　　　　　　　　　　　】
【課題とするテーマ：　　　　　　　　　　　　】
【日　時：　　　　　　　　　　　　　　　　　】
【場　所：　　　　　　　　　　　　　　　　　】
【天　候：　　　　　　　　　　　　　　　　　】
【イメージの流れ】

イメージ内容	実施時間	備考（ルーティンやキューワードなど）
（例）ロッカールームで集中状態を作る	2分	"エナジールーム" に入って集中
試合会場に入り，日の丸の旗を見て「集中」	1分	日の丸に「集中」の文字を投影

図5-3　ストーリーを作成するためのワークシート（荒木，2011）

〈比喩的表現〉
・むちを振るような感じ
・卵をつぶさないようそっとにぎる
・タオルを首にまきつける感じで
・はえたたきの要領で
・布団たたきの感じで
・ほうきではらう感じで
・左腰に壁を作るような感じで
・空手チョップできりおろす感じで

〈擬態語〉
・ポンと
・シュッと音がするように
・ピシャッとたたく
・すっすっはっはっ
・うーんぱっ
・フワッと滑る

〈リズムをつくる言葉〉
・タ，タ，ターン
・ターン，タ，ターン
・チャーシューメン
・イチニーサン
・ポーンポン

むちのようにラケットをしならせて打つ

図5-4　比喩表現やオノマトペの例（佐々木ほか，2005）

2．観　　察

（1）観察学習とは

　Bandura et al. (1961) による，大人の攻撃行動の観察によって子どもがその行動を学習することを報告した研究をきっかけに，運動学習においても他者の動作を観察することで学習の効果が促進することを観察学習（モデリング）という。スポーツ指導者や体育教師が，選手や生徒に対して目標とするスキルを習得させるためにお手本となる模範演技を示範（demonstration）し，選手や生徒がその演技を模倣して練習に取り組むことが観察学習の一例である。目標とするスキルを有する選手の映像を繰り返し見て，自己のスポーツスキルの練習時にその記憶を活かす方法も観察学習といえる。先述のイメージトレーニングは心のなかで自己を映像化する作業であるが，観察学習は視覚を通して他者を心のなかで映像化するという点で異なっている。

　Bandura (1986) による社会的認知理論では，「注意」「保持」「運動再生（行動再生）」「動機づけ」の４つの過程を通して，モデルの観察が自己の行動につながり，観察学習の効果が得られることが説明されている。モデルに注目し，重要な情報を取り出す過程が「注意」であり，モデルから得られた視覚情報や聴覚情報が記憶として脳内に取り込まれる過程が「保持」である。それらの情報の記憶を基に，自己の動作を発現させる過程が「運動再生」である。好きなスポーツ選手のフォームを模倣したいという欲求のように，運動再生には「動機づけ」が強く関与している。

（2）ミラーニューロンシステム

　社会的認知理論では，注意，記憶，動機づけなどのように，観察学習のメカニズムに対する心理的側面からの説明が多いが，脳活動，筋活動，動作などの運動制御の観点からの説明が不足している。運動制御の観点から観察学習の効果を説明する際に注目されているのが，脳内に存在するミラーニューロンである。Rizzolatti et al. (1988, 1996) による，サルがエサを取るときに活性する腹側前頭前野が，人や他のサルがエサを取る行動を観察したときにも活性することを示した研究から，他者を観察する際に脳内で活性するミラーニューロンの存在が認識され始めた。

　図5-5には後の研究によって明らかになった，人の脳内においてミラーニューロンが存在する主な部位がまとめられている。腹側運動前野は，動作の計画や準備に関わる

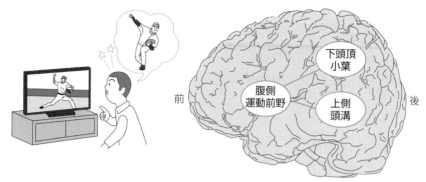

図5-5　ミラーニューロンが存在する主な脳部位（樋口・森岡，2008より一部改変）

脳部位である。下頭頂小葉や上側頭溝は，感覚情報が届き，他者の動作や感情の認識に関わる脳部位である。これらの部位の神経連絡によって感覚情報と動作計画の統合がなされ，観察学習につながる。さらに，他者の観察によって，動作の実行指令を出す一次運動野の活性が高まることを示した研究も多い（Fadiga, 1995）。このような，観察学習に関わる脳内の複合的な神経機能をミラーニューロンシステムという。

（3）自　動　模　倣

　ミラーニューロンが機能することにより，他者の動作が無意識的に模倣されることを自動模倣（automatic imitation）や運動伝染（motor contagion）という。近くにいる人が腕を組むと自分も自然と腕を組んでしまうように，日常生活における仕草などの行動が伝染することはカメレオン効果とよばれる。スポーツにおいても自動模倣や運動伝染は生じ，フォームなどのように他者の動作が伝染する動作模倣と，他者の成功（失敗）に続いて成功（失敗）が連続的に生じる結果模倣がある。

　自動模倣をしやすいタイプの人としにくいタイプの人が存在し，しやすいタイプの人はしにくいタイプの人に比べて観察学習が生じやすい。したがって，良い動作や良い結果の伝染が生じやすいが，その反面悪い動作や悪い結果の伝染も生じさせやすい。自動模倣しにくいタイプの人はしやすいタイプの人に比べて，観察学習は生じにくいが，悪い動作や悪い結果の伝染も生じにくいというメリットを有する。自動模倣のしやすさに関連する性格特性を明らかにする研究も行われており，ナルシシズム（自己愛）が高い人は自動模倣しにくいことが分かっている。また，共感性が高い人はミラーニューロンシステムの賦活が強いことから，共感性の高さは自動模倣のしやすさに関連すると考えられる。

（4）観察学習における注意点

　スポーツ選手や指導者が観察学習を用いる際，注意しなければならないのが，モデルを提示する角度，モデルの提示回数，モデルのスキル熟練度，ならびにモデルの地位である。まず，モデルを提示する角度に関しては，観察者の視線と同様な角度，つまり観察者が発現させる動作と同じ方向の動作を提示することの効果が示されている（猪俣ほか，1983）。指導者は選手に対面して指導を行うことが多いが，背中を向けて示範を行うことの有効性も考慮しなければならない。図 5 - 6 には，ゴルフのアプローチショットを課題に，練習時に 100％，20％，10％のいずれかの頻度でモデルを提示した実験において，後のテスト場面において 100％の頻度で提示を受けた群のショットの正確性が高いことが示されている。このことから，モデルの提示頻度は多い方が良いといえる。モデルのスキル熟練度に関しては，高いスキルレベルのモデルを観察することの正の効果を報告する研究が多く（McCullagh, 1987），モデルの社会的地位に関しても年齢や立場などから，社会的地位の高いモデルを用いることの有効性が提言されている（McCullagh et al., 1989）。

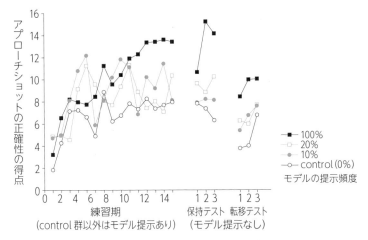

図 5 - 6　ゴルフのアプローチショットにおける観察学習の効果 （Sidaway & Hand, 1993）

第6章 リラクセーション技法

　試合前になって突然，身体に緊張がはしり，落ち着こうとするほどに，さらに緊張が増してしまった経験はないだろうか。リラクセーション技法の習得は，身心のリラクセーション能力の向上を目的としており，メンタルトレーニングプログラムの中核的技法として位置づけられている。中込（1994）によると，リラクセーション技法の主な効果として，覚醒水準の低減，自己の身体に対する感受性の向上，睡眠促進，疲労回復，イメージ想起の促進などがあげられている。

　坂入（2016）は，リラクセーション技法の理解において，身心の調整に有効な瞑想や坐禅の基本的考え方である「調身→調息→調心」，つまり「身体から心へ」という順番の重要性を指摘している（表6-1）。リラックスしたい場面において，心を整えようとする前に，まず，随意系である行動や筋，続いて自律系のなかでも意図的な制御が可能な呼吸の調整を行い，身体面から整えていくことを勧めている。

表6-1　調身・調息から調心へのアプローチ（坂入，2016）

瞑想の基本	調身 → 調息 → 自己観察 → 調心
調える対象	行動と筋，生理状態，注意・認知，心理状態
現代の技法	呼吸法，筋弛緩法，自律訓練法

1．呼　吸　法

　呼吸は人間が生きるために絶対に欠かせない反応である。呼吸は睡眠中も無意識に繰り返されるが，意識的に止めたり，深呼吸したりすることも可能であり，自律系と随意系の特徴を併せ持っている。ここでは春木（2011）を参考に，呼吸法について解説を行う。

（1）呼吸法の属性

　呼吸（息）には様々な性質があり，これらのなかで呼吸法に関係のある属性について，以下に説明する。これらの様々な属性は独立したものではなく，相互に関連している。

1）呼息と吸息

　呼息と吸息は，呼吸の基本属性である。人間は肺を動かして体内に空気を取り入れたり，吐いたりしている。呼息は息を吐くことであり，吸息とは息を吸うことである。日常では意識することはあまりないが，呼吸法では特に呼息が重視される。

2）胸息と腹息

　胸息と腹息とは，空気を取り入れるための肺の運動の相違である。胸息は肋骨の動きを支配している筋肉（主に肋間筋）の運動である。一般的に考えられている呼吸は胸息である。一方，腹息は横隔膜の運動による呼吸である。腹に空気が入るわけではなく，横隔膜の運動をすると腹が膨らんだり，へこんだりするのでこの呼称がある。

3）順息と逆息

　順息と逆息は，横隔膜の運動による呼吸である腹息に関係している。順息とは，息を吸ったときに腹が膨らみ，吐いたときには腹がへこむことをいう。一方，逆息とは息を吸ったときに腹がへこみ，吐いたときには腹が膨らむことをいう。逆息ができるようになるには若干の訓練を必要とする。

4）長息と短息

　長息と短息とは，呼息の仕方である。急に短く吐くのを短息とよび，長く吐くのを長息とよぶ。

5）深息と浅息

　深息と浅息とは，呼吸筋に関係する。呼吸筋の運動を最大限に発揮させるのが，深息であり，一般的に深呼吸とよんでいるものである。一方，その運動の小さいものが浅息である。

6）鼻息と口息

鼻息と口息とは，空気を出入りさせる通路に関係する。鼻であれば，鼻息であり，口であれば口息となる。一般的には吸息は鼻からで，呼息はどちらでもよいとされる。

7）速息と遅息

速息と遅息とは，呼吸のリズムのことである。速息は，速いリズムであり，遅息はゆっくりとしたリズムで呼吸することをいう。

（2）呼吸法の3原則

昔から呼吸法として推奨されてきたのは，丹田呼吸法であり，いわゆる腹式呼吸法である（図6-1，腹式呼吸法）。腹式呼吸法は，上記の属性に従うと，「呼息」「腹息」「長息」を重視する。まず，呼息を重視するのは，充分な換気を行うためには，吸気の前に充分呼気をしておく必要があるからである。次に，腹息は，胸息に比べて肺活量が大きくなり，酸素の吸入量が多くなる。長息は，短息に比べて多くの息を出すことができる。腹式呼吸法の心理的効果をあげると，呼息は沈静の気分を起こす。生理学的に呼気のほうが吸気に比べ副交感神経が交感神経より優位になるとされる。このことは身心にリラックス効果をもたらす。また，腹息は胸息に比べて，落ち着きをもたらす。一般的に緊張感のあるときには胸呼吸になり，呼吸が浅くなる。腹式呼吸法は，みぞおちを緩めるつもりで呼気を長くすると深い沈静感を体験することができる。一般的な腹式呼吸法は，吸気のときに腹が出て，呼気のときに腹が引っ込められる。一方，逆腹式呼吸法は，吸気のときに腹を引っ込めて，呼気のときに腹が出るように訓練する（図6-2，逆腹式呼吸法）。逆腹式呼吸法の特徴として，呼気のときに下腹の充実感があり，どっしりとした落

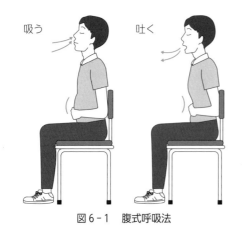

図6-1　腹式呼吸法

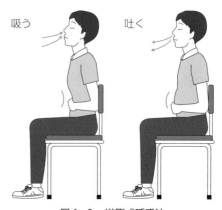

図6-2　逆腹式呼吸法

ち着き感が得られる（春木，2011）。

2．筋 弛 緩 法

　筋弛緩法として広く知られているのは，エドモンド・ジェイコブソンが開発した「漸進的筋弛緩法」である。ジェイコブソンは，思考と随意筋の緊張が関連していることを発見し，心の状態は身体に現れるということを，臨床例を通して検証した。多くの人に緊張が表れやすい部位は，顔（額，眉間，下顎），首，肩，背中，腹，四肢である。これらの部位は本人が気づかないうちに緊張を蓄積しており，これらをジェイコブソンは残余緊張とよんでいる。ここでは小板橋（2010a）を参考に，筋弛緩法について解説する。

　筋弛緩を感じるためには，残余緊張に対する学習認識という手順をとる。まず初めに筋を緊張させて，その緊張した状態に意識を向けて感じ取るようにする（緊張感覚の認知）。筋肉の緊張性は，こわばり（strain），緊張（tension），そして筋感覚としての緊張（tonus）に分けることができる。筋弛緩法では，筋感覚として緊張を感じ取る練習を行う。

　次に，緊張感覚を頼りに，その緊張を緩める。繰り返しその動作を行い，これ以上は緩めることができないという感覚（リラックス感）を確認する。これを部位ごとに練習し，体中の弛緩感覚を得ていく。全身の筋を系統的に緩めるためには，16の筋群に分けて練習していくが，ここでは，上半身の動作のみを図6-3に示した。それぞれの部位の緊張と弛緩を2回ずつ繰り返すのが基本である。すべての部位で筋の弛緩後，時間をとってリラックス感を味わう。さらに慣れてきたら，一気に全身を緊張させて弛緩させる方法を活用してもよい。

① 吸気とともに握り拳をつくって，筋肉の緊張を確かめてから，呼気とともにじわじわと筋肉がほぐれていく感じを確かめる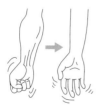

② 肘を曲げて体幹を締め付けるような感じに緊張させる

③ 肩甲骨を脊椎のほうへ引き寄せて胸を突き出す

④ 亀のように肩を吊り上げて首をすくめて緊張させる

⑤ 眼をきつく閉じて，額と眉間にシワを寄せる。奥歯を噛み締めて口をきつく閉じる

図6-3　筋弛緩法の手順（小板橋，2010a）

3．自律訓練法

　自律訓練法は，ヨハネス・ハインリヒ・シュルツによって開発された心理的および生理的自己コントロール法である（中込，1994）。自律訓練法におけるコントロールは，その場でリラックスしようとするような意図的なコントロールではない（坂入，2016）。一定の言語公式を心のなかで繰り返しながら，自身の身心の状態を他人事のように観察し，モニタリングする「受動的注意」とよばれる状態を維持することが技法の中核的特徴である。基本となるのは身体の各部位に関連する6段階の言語公式を用いる標準練習である。そのなかでも第1公式の四肢重感練習と第2公式の四肢温感練習が特に重要である。ここでは，坂入（2016）を参考に，自律訓練法の実施方法を解説する。

（1）練習姿勢

　基本的に楽で安定した姿勢であれば良い。さらに，毎回同じ姿勢で練習することで，その姿勢を取るだけで自然に身心の反応が起こる条件づけの効果が期待できる。単純椅子姿勢では，両脚を軽く開いて座り，腕の力を抜いて両手を太腿の上に置く。目を閉じて，身体の感覚を味わいながら，手足や腰の位置などを楽な場所に調整する。就寝時などには，仰向けに寝て行う仰臥姿勢で実施してもよい。

（2）標準練習（四肢重感・温感練習）

　姿勢を整えたら，背景公式「気持ちが落ち着いている」を心のなかで数回唱えて練習の準備ができたことを確認し，四肢重感練習を始める。まず右腕（利き腕でもよい）に注意を向けて，第1公式「右腕が重たい」を心のなかで繰り返しながら，右腕に感じられる様々な感覚を味わう。続いて，同様に，「右腕→左腕→右脚→左脚」の順に，各部位の状態をモニタリングし，感覚を味わう。四肢重感練習を1〜2週間続けて，四肢の筋の弛緩した感覚があり，温かい感覚が出てくるようになったら，第2公式「右腕が温かい」と繰り返す四肢温感練習を追加する。四肢温感練習も重感練習と同様に，「右腕→左腕→右脚→左脚」の順に，各部位の状態をモニタリングし，感覚を味わう。腕や脚が重たくなることや温かくなることを目指すのではなく，重たさから筋の緊張や弛緩の状態を，温かさから末梢血流の増減による皮膚温の状態を客観的な態度で観察し（受動的注意），そのわずかな変化に気づけるようになることが大切である。

図6-4　自律訓練法の基本公式と背景公式 （小板橋，2010b）

（3）消去動作と練習記録

　練習を突然中断すると，だるさなどの不快感が残ることがある。練習を終える際には，必ず消去動作を行う。消去動作は，「両手を数回，握ったり開いたりする」「両手を握って，肘の曲げ伸ばしを数回する」「大きく伸びをする」などの運動を行う。練習記録は，自己を客観視する能力を向上させたり，自律訓練法を継続するモチベーションになる。また，専門家からのアドバイスを受ける際に役立つ。練習記録は，自律訓練法チェック表などが活用されている（表6-2）。

表6-2　自律訓練法チェック表 （立谷，2012）

年　　月　　日　　時　　分						
まったく感じなかった			普通			非常に感じた
両手の重感	1	2	3	4	5	6	7
両足の重感	1	2	3	4	5	6	7
両手・両足の重感	1	2	3	4	5	6	7
全身の重感	1	2	3	4	5	6	7
両手の温感	1	2	3	4	5	6	7
両足の温感	1	2	3	4	5	6	7
両手・両足の温感	1	2	3	4	5	6	7
全身の温感	1	2	3	4	5	6	7
リラックス感	1	2	3	4	5	6	7
その他，気になることを記入する。						

リラクセーション技法は，他のトレーニング法と同様に，一定期間の練習によってスキルが向上し，効果が期待できるものである。リラクセーション技法の練習を継続することにより，自身の身心の状態に気づきやすくなり，上手に調整が進むようなスキルを身につけることが望まれる。

第7章 プレッシャー下でのパフォーマンス

1．プレッシャーとパフォーマンス

(1) 用語の整理

　スポーツにおける重要な試合では，緊張感が高まったなかでのプレーが求められる。中学，高校，大学の陸上選手を対象とした調査では，約93％の選手が試合において緊張経験があると回答している（松田，1961）。この結果は，ほとんどのスポーツ選手が試合場面において緊張してしまうことを意味する。

　図7-1に示したように，試合の重要性や他者からの評価などといった緊張を引き起こす要因のことをプレッシャーとよぶ。このような状況下で，失敗不安を感じ，心臓の鼓動が早くなり，身体が硬直してしまうように，心理，生理，行動の3側面にストレス

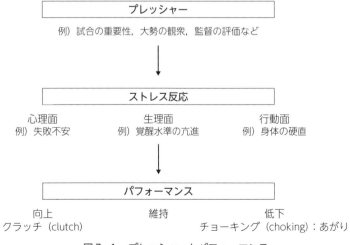

図7-1　プレッシャーとパフォーマンス

反応が生じる。ストレス反応が生じたなかでも，パフォーマンスが向上し，普段以上の実力が発揮できる現象を「クラッチ（clutch）」とよぶが，逆に実力が発揮できずにパフォーマンスが低下する現象は「チョーキング（choking）」とよばれる。「チョーキング」の邦訳としては「あがり」の用語が使用されることが多い。

（2）「あがり」やすい性格

　「あがり」症という言葉もあるように，多くの人にとってはわずかな緊張にしか感じないことが，一部の人には極度な緊張に感じてしまう。これは個人の有する性格が大きく関与している。人が持つ不安には，状態不安と特性不安の2つが存在する。状態不安とは，分かりやすくいうと今この瞬間における不安であり，特定の環境や状況によって時間的に刻々と変化する。一方の特性不安は，生育環境などの影響によって培われ，時間経過に伴う変化が少なく，個人の性格傾向を反映する不安である。日頃から抑うつが高い人や，日常生活を送るうえで些細なことに対して心配性な人は，この特性不安が高く，さらには神経症傾向も高い。特性不安や神経症傾向が高い人ほど，プレッシャー下でパフォーマンスを低下させやすい。

　また，自己意識といい，私的および公的な状況において自己に対して意識を向けやすい人のことを指す性格特性もある。この自己意識が高い人も，プレッシャー下でパフォーマンスを低下させやすい。一方で，プレッシャー下で高いパフォーマンスを発揮しやすい性格もあり，ナルシシズム（自己愛）の高さがその例である。

（3）状態不安や覚醒水準と「あがり」

　緊張時に心臓がドキドキしていることが自分で分かるように，自己の身体状態の変化が知覚されることを身体不安といい，身体不安や，心拍数などの生理指標で測定可能な覚醒水準もパフォーマンスに関係する。図7-2のように，生理的な覚醒水準とパフォーマンスの関係は逆U字型（釣鐘型や山型とよばれることもある）を示す。

　また，状態不安，身体不安，さらには自信といった心理的要因のそれぞれとパフォーマンスの関係が異なることを提唱した理論では，状態不安とパフォーマンスは負の比例の直線関係を示し，状態不安が高くなるほどパフォーマンスは悪くなる。身体不安に関しては，先述した覚醒水準とパフォーマンスの関係と同様に逆U字の関係を示す。さらに自信とパフォーマンスは正比例の直線関係を示し，自信が大きいほど高いパフォーマンスを発揮する。

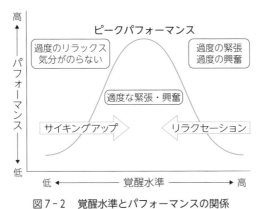

図7−2　覚醒水準とパフォーマンスの関係
（日本スポーツ心理学会，2008）

（4）注意機能からの「あがり」の説明

　「あがり」は，分割的注意の主要な概念となる注意容量の使われ方が変わることによっても生じる。図7−3には，プレッシャーのかかっていない平常時においてスポーツを行うときの注意容量の配分と，プレッシャー下において生じる3つのタイプの注意容量の配分を示した。

① 緊張によって試合で実力を発揮できなかった選手が「頭が真っ白になった」という言葉を発することがある。これは同図の2段目に示したように，平常時は運動課題やその他のことに注意を配分できているが，プレッシャー下では注意の容量自体が小さくなってしまい，運動遂行に十分な注意を配分できず，その影響でパフォーマンスの低下が生じる。この現象を注意狭隘とよぶ。

② 注意容量の大きさに変化がないなかで，その他のことに多くの注意を配分することで運動課題に対して注意が配分できなくなることを示したものが，同図の3段目である。たとえば監督の評価を気にし過ぎることや，観衆に気がとられてプレーに集中できないことなどが挙げられる。また，プレッシャー状況では状態不安や身体不安に対しても注意が配分されるため，これも運動課題に対する注意不足につながる。このように運動課題以外に注意が多く配分され，運動遂行への注意配分が不足することを注意散漫といい，パフォーマンスの低下につながる。

③ 注意狭隘や注意散漫とは異なり，運動課題に対して過剰に注意を配分することによってもパフォーマンスの低下が起きる（同図4段目）。これはプレッシャー状況では分析的な思考になることから生じる。多くの練習によって磨き上げられ自動化さ

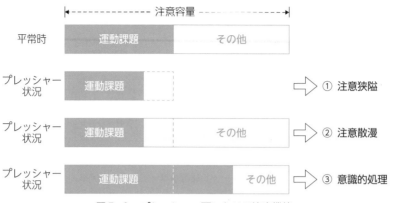

図7-3　プレッシャー下における注意機能

れたスキルが，過剰な分析を行うことによって脱自動化し，それによってパフォーマンスが低下すると考えられている。無意識的な運動遂行が意識的になることから意識的処理や分析麻痺とよばれている。

（5）「～してはいけない」の思考

　プレッシャー下ではプレーについて失敗のイメージが生じ，失敗不安が高まりやすい。そのため，失敗をしないために「～してはいけない」と考えやすくなる。「～してはいけない」と考えたときにその行動が生じる皮肉過程もプレッシャー下でのパフォーマンスの低下の原因となる。たとえば，プレッシャー下では野球の投手が打者にとって打つことが得意な投げてはいけないコースに投げてしまうことや，テニスのサーブにおいて打ってはいけない位置に打ってしまうことを示した実験結果がある。

２．プレッシャー下における運動制御の変化

（1）動作の変化

　何年にも渡って多大な練習時間をかけて作り上げてきた精錬されたスポーツ動作を，プレッシャーのなかでも再現できるか否かが勝負の分かれ目になることは，スポーツ選手の経験則から考えても理解できることであろう。図7-4は，観衆の前で成績次第で賞金を得られるというプレッシャーのなかでゴルフパッティングを実施させ，その際のパターの動作解析を行った実験において，典型的な動作変化を示したプロゴルファー1名とゴルフ初心者1名のパターの動作を示している。横軸はパッティング動作におけるパターの位置を表し，縦軸はパターの速度を表すことから，「の」の字を描くようにパ

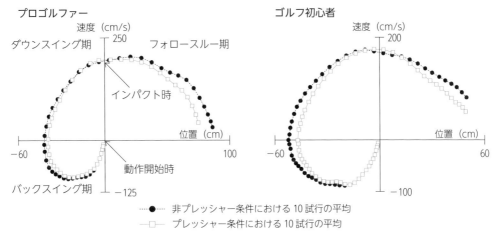

図7-4 プレッシャー下におけるゴルフパッティングの動作変化 (田中, 2014)

ターが動いている。

　プロゴルファーとゴルフ初心者の双方において，プレッシャー条件では非プレッシャー条件に比べてバックスイング期やフォロースルー期の動作が小さくなり，動作速度も遅くなることが読み取れる。このことは技術的にも優れ，多くの試合場面を経験することで高強度のプレッシャーに慣れているプロゴルファーでも，実験室環境の低強度のプレッシャーによって初心者と同じような動作変化が生じてしまうことを意味している。

　動作の大きさや速さとともに，同じ動作を複数回繰り返すときの動作の変動性（一貫性）に対してもプレッシャーは影響する。特にプレッシャー下で動作の変動性が増加することを報告する研究が多い。変動性が増加する理由としては，プレッシャー下においてパフォーマンスのエラーが生じたときに，動作にエラーの原因を帰属し，次の試行においてエラーをしないよう，動作修正を行うことを繰り返すために生じると考えられている。つまり動作の変動性の増加は，先述の意識的処理によるパフォーマンスの低下を説明する動作変化であり，プレッシャー下において意識的処理をするほど動作の変動性が大きくなる。

（2）力調整の変化

　スポーツ選手の多くやパフォーマー，指導者などは，ミスやエラーが生じた場面において「力んだ」という表現を頻繁にする。図7-5には，ピアノ演奏において手首，肘，肩といった上肢の関節運動を発生させる総指伸筋，浅指屈筋，上腕二頭筋，僧帽筋から記録した筋電位の大きさを示しており，観客のいないリハーサルに比べて，観客の存在する演奏会ではこれらの筋活動が大きくなっている。さらに，ピアノ演奏に対する審査

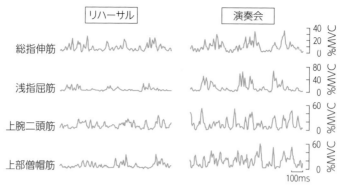

図7-5　ピアノ演奏時の筋活動 (Yoshie et al., 2009)

員の評価が，演奏会ではリハーサルに比べて低かったことから，ピアノ演奏のパフォーマンスに対して不要な力が発揮されている。また，スポーツ動作における関節運動を産み出すために収縮する主動筋と，その際に伸張する拮抗筋が同時に活動する割合を表す共収縮が高まることも，プレッシャー下での筋活動の特徴である。

（3）知覚の変化

　スポーツを行う際の視線行動にもプレッシャーは影響する。プレッシャー下で注意散漫になった際には，視線が定まらずに周辺環境への注視の時間や頻度が増える。また，運動を開始する前に，ある1点を注視するクアイエットアイ（第12章を参照）の時間はプレッシャー下で短縮する。プレッシャー下では，周辺環境への注視が増え，運動遂行に求められる注視が減る視線行動の変化が生じてパフォーマンスの低下につながる。

　プレッシャーは視線行動だけではなく，見た情報をどのように判断するかという周辺環境の見え方にも影響する。不安，恐怖，動機づけなどの様々な心理状態によって，物理的には同じ環境を心理的には異なる捉え方をしてしまう現象を力動的知覚という。高さ，大きさ，広さといった空間知覚や，時間の長さの感じ方といった時間知覚などがあり，陸上の走高跳においてバーの高さを高く知覚するように，プレッシャー下では課題の難度を高く感じる方向に力動的知覚が生じ，パフォーマンスにも関連する。

3．「あがり」の対処法

（1）プレッシャーのなかでの練習

　「練習は試合のように，試合は練習のように」という言葉をよく聞く。練習時にプレ

ッシャーを作り出し，緊張したなかでのプレー経験を増やし，プレッシャーのかかる試合においてはその練習経験を活かすことで実力の発揮につながるという考え方である。「あがり」の対処に対して何らの方法を『習う』のではなく，プレッシャーのなかでの練習に取り組むことによって『慣れる』という方法である。プレッシャーのかかった試合を数多く経験することも当てはまる。

（2）ルーティンの活用

　ルーティン（詳細は第3章を参照）をプレッシャー下でのプレー時に実行することもパフォーマンス発揮に有効である。その際に，スポーツスキルを成功させるための「コツ」とも言い換えられるポジティブな内容のキューワードを作成し，ルーティンの一部として取り入れることも効果的である。

　図7-6には，アメリカンフットボールのキック課題を用いて，種々の「あがり」の対処法の効果を調べた実験結果を示した。非プレッシャー条件とプレッシャー条件の両条件において30mの距離から20本のキックを蹴り，各キックに対してゴールできた場合は10点，外れた場合はその外れ方によって得点が異なり，各条件で0～200点の得点が記録される。非プレッシャー条件の20本のキックの後に実験参加者は，4つの対処法のいずれかを実施しながら練習する群と，対処法を実施せずに練習に取り組む統制群にランダムに振り分けられた。ルーティン群に振り分けられた実験参加者は，覚醒水準の調整，準備動作，注意焦点，キューワードを唱えるといった一定の手続きを踏んだ後にキックすることをマスターした。その後に賞金を懸けたプレッシャー条件で再度20本のキックを行い，統制群はプレッシャーの影響で得点が減少するなかで，4つの対処法を実施した群は全て得点が増加している。そのなかでもルーティン群の得点の増加率が

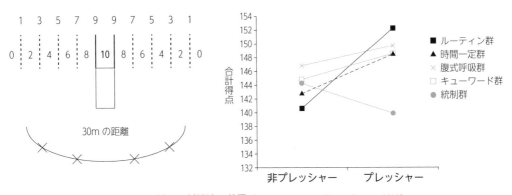

図7-6　種々の対処法の効果 (Mesagno & Mullane-Grant, 2010)

最も顕著であった。

（3）視線行動からのアプローチ

　先述の通り，スポーツ動作を開始する直前のクアイエットアイは，その後の高いパフォーマンス発揮に有効であり，「あがり」にはこのクアイエットアイ時間の短縮が関連している。したがって，プレッシャー下でも適切な視線行動を取ることができれば「あがり」を防げるというアイデアを基に，クアイエットアイ・トレーニングという視線行動の練習を取り入れることも有効である。

　熟練ゴルファーを対象にクアイエットアイ・トレーニングの効果を調べた実験では，トレーニング群にはパッティングの練習時に，熟練ゴルファーがパッティングを遂行しているときの視線行動のビデオを観察させ，さらには本人の視線行動もビデオフィードバックすることで熟練者の視線行動との違いに気づかせた。さらにはゴルフパッティングにおけるクアイエットアイの実施方法に関する6つのポイントを教示し，それらを意識したなかで練習を実施させている。一方の統制群には，このような視線行動のトレーニングや教示がないなかで同じ量の練習を実施させている。その後に，実験室環境において成績次第で賞金を得られるという状況のなかでパッティングを行うプレッシャー条件で，統制群はクアイエットアイ時間が短縮し，パッティングの成功率も低下させた反面，トレーニング群はクアイエットアイ時間やパッティングの成功率を維持させた。さらにこの研究の興味深い点は，クアイエットアイ・トレーニングが実際のゴルフコースの10ラウンドのプレーにおけるパッティングのパフォーマンスも向上させたことにある（図7-7）。

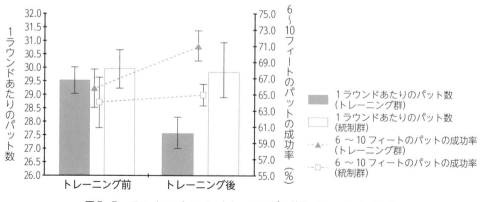

図7-7　クアイエットアイ・トレーニングの効果 (Vine et al., 2011)

（4）覚醒水準の調節

　スポーツ選手がメンタル面の強化を図る際に取り組む心理的スキルトレーニングにおいて，腹式呼吸，自律訓練法，筋弛緩法などのリラクセーション技法（第6章を参照）がある。これらの技法を実施することで自律神経活動が調節され，最適な覚醒水準でスポーツに取り組むことが可能になる。試合場面におけるプレッシャー状況においても，これらの技法を活用することで「あがり」の防止につながる。先述の逆U字理論では，プレッシャー下でのパフォーマンスの低下は過度な覚醒水準の上昇によって生じることが説明されているが，リラクセーション技法によって覚醒水準の上昇を抑え，パフォーマンスの低下も防げる。

　また，生理測定機器を利用し，身体の状態を知ることで，無意識的に変化する生理反応を意識的にコントロールできるようになることをバイオフィードバックという。学習理論におけるオペラント条件づけが人の生理反応でも可能であることを意味している。スポーツ選手に対しては，心拍数，呼吸，皮膚電気抵抗，筋電位などの生理指標がバイオフィードバックに利用可能である。

　図7-8は筋電図フィードバックをイラスト化したものである。体性感覚を経由した筋感覚情報の内在的フィードバックとともに，筋活動を視覚情報や聴覚情報に変換し，外在的フィードバックとしてスポーツスキルの実施者に与えている。バイオフィードバックを行うことで覚醒水準や筋活動等の身体状態を調節することにつながり，プレッシ

図7-8　筋電図フィードバック（山崎，2012）

ャー下でのパフォーマンスの発揮に有効である可能性がある。

（5）その他の対処法

　試合前にヘッドホンを付け音楽を聴いている選手を見かけるが，プレッシャー下での
パフォーマンスに対して，音楽を聴くことも良い効果がある。また，好きな色の道具を
使用することで，プレッシャー下でのパフォーマンスの低下を防げることを示した実験
もある。これらのようにスポーツの試合場面で手軽に取り入れることができる方法で，
心理状態を落ち着かせることや，モチベーションを高めることも「あがり」の軽減に有
効である。

第8章 スランプとイップス

1．スランプ

（1）スランプとは

　長い年月をかけてスポーツに取り組むアスリートは，パフォーマンスの停滞や落ち込み，試合において実力を発揮できないことが続くようなことも経験する。パフォーマンスの落ち込みはスランプとよばれ，「各アスリートのベースラインといえるパフォーマンスの変動では説明できない長期間に渡るパフォーマンスの低下」と定義されている（Taylor, 1988）。つまり，アスリートのパフォーマンスには日々の変動があるが，その変動よりも低いパフォーマンスの状態が続いていることを指す。したがってスランプの特定には，パフォーマンスや練習環境を客観的に評価し，パフォーマンスの低下の原因を探らなければならない。図8-1では，ピークパフォーマンス（成功）時と悪いパフォーマンス（失敗）時の心身の違いを理解することができる。スランプ時には，図右のよう

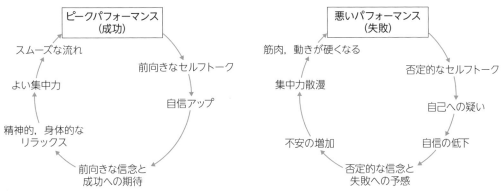

図8-1　ピークパフォーマンス時と悪いパフォーマンス時の心身（ゴールドバーグ，2000）

な心身の状態になっているケースが多い。

スランプは，高い競技レベルを有するアスリートに生じやすく，数ヵ月や数年といった長期に渡る現象である。スランプの原因を明確に特定することは難しいが，身体的側面（疲れや怪我），技術的側面（フォームの修正），用具的側面（新しい用具），心理的側面（自信の低下），環境的側面（チームの雰囲気やスポーツ以外のストレス），指導者との関係（指導法の違い）などが考えられる。そして，パフォーマンスの落ち込みに伴って不安や焦燥感が高まり，精神的にも大きな悩みを抱える。

（2）パフォーマンス曲線

図8-2のように時間の経過を横軸にとり，数量化されたパフォーマンスを縦軸とし，パフォーマンスの時系列変化を評価するために図示化された線をパフォーマンス曲線という。この曲線を基に，パフォーマンスの観点から運動学習の進捗状況の評価が可能になる。図8-2の上の線のように曲線を描くことが多いが，下の線のように突発的にパフォーマンスが向上するようなケースもあり得る。たとえば，一輪車漕ぎのパフォーマンスを壁から手を離して乗れている時間で評価する場合，最初は数秒しか乗れないが，あるときから突然10秒以上乗って，ペダルを漕げるようになることが挙げられる。悉無律型変化とよばれる。

（3）プラトーとスランプ

図8-2に描かれているパフォーマンス曲線のように，スポーツスキルの学習は時間の経過に伴って向上し続けるものではなく，停滞する時期（プラトー期）や落ち込む時期が出てくる。プラトー期は高原現象ともよばれ，さらにパフォーマンスが向上する加

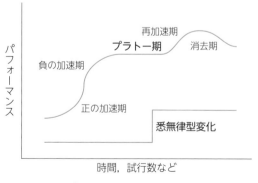

図8-2　パフォーマンス曲線（石井ほか，2012）

速期に向けた準備期間と捉えることができる。プラトー期をスランプと勘違いしてしまうアスリートも多く，このようなアスリートにはパフォーマンス曲線のような客観的指標や，指導者の助言を基に，プラトー期であることを理解させることによって，悩みが緩和され，練習に対するモチベーションが回復する。また，学習曲線においてパフォーマンスが落ち込む時期がスランプ期とも言い換えられる。

（4）スランプのアスリートへの支援

　スランプに陥っているアスリートに対しては，アスリートの気持ちを理解するように努め，そのためにも頻繁にコミュニケーションをとることが勧められる。また，否定的な声掛けや無視をしないようにし，選手が自信や自尊心を築けるように支持的な態度で接することを心掛けたい。これらにより，アスリートがスランプに陥っているなかでも，前向きな心や態度でスポーツに取り組めることに繋げたい。さらには，家族，ファン，メディアなどの周辺環境に対しても注意や働きかけをすることも求められる。

2．オーバートレーニングとバーンアウト

（1）オーバートレーニング

　我々の身体やそれを利用したスポーツの技術は，過負荷（overload）な練習を行い，その後の休息や回復を繰り返すことでパフォーマンスの向上につながっていく。そのために，アスリートは計画的に過度な練習に取り組むが，高強度なトレーニングが数週間以内の場合はオーバーリーチとよばれる。数週間以上に渡る過度な練習はオーバートレーニングとよばれ，それによってパフォーマンスが向上する場合もあるが（図8-3の右上段），練習後の休息や回復が不足したなかでオーバートレーニングを継続すると，パフ

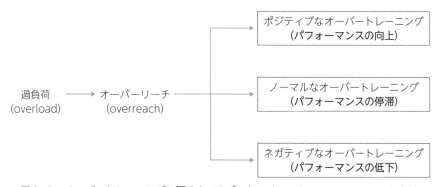

図8-3　オーバートレーニングに至るまでのプロセス（Weinberg & Gould, 2015 を改変）

ォーマンスの停滞（同図右中段）や低下（同図右下段）が起きる。休息や回復が不足したオーバートレーニングでは，心理的ストレスが大きくなり，練習に対するモチベーションも低下する。そして，抑うつを生じさせ，競技の離脱につながることも多い。

（2）バーンアウト

　スランプやオーバートレーニングなどが原因となって，心理的ストレスや身体的な疲労が慢性的に蓄積し，スポーツによって得られる達成感が減衰し，スポーツから離脱することをバーンアウト（燃え尽き）という。「スポーツ活動や競技に対する意欲を失い，文字通り燃え尽きたように消耗・疲弊し，無気力になった状態」と考えられている（日本スポーツ心理学会，2008）。アスリートのみならず，指導者やトレーナーなども，勝利へのプレッシャーや選手の親との関わりなどの様々なストレスによってバーンアウトが生じることもある。

　オーバートレーニングによるパフォーマンスの停滞や低下，さらにはバーンアウトを予防するためには，まずは，ストレスの原因，ストレスの度合い，トレーニング量，休息や回復の程度などをモニターし，記録することが勧められる。さらに，試合よりも練習のなかに見出せる楽しみに重きを置いた短期目標を設定し，その目標を達成していくことで，長期的なモチベーションの維持に繋げられる。短期および長期の休息日（オフ）を設けることで，心身の回復を図ることにも留意しなければならない。さらに，指導者がアスリートの自律性を重視し，支援的な指導を行うことも有効である。その際に，試合前の心理状態を把握することとともに，試合後の心理状態も管理し，試合後の選手とのコミュニケーションに注力することも重要である。

3．イップス

（1）イップスとは

　長年の練習によって獲得したスポーツの技術やパフォーマンスが極度に低下することがある。ゴルフのパッティングにおいてパターをスムーズに動かせなくなる，野球やソフトボールの投球や送球において極度にコントロールを乱す，弓道やアーチェリーにおいて弓を放てなくなる，長距離走において足を上手く動かせなくなるなど，様々なスポーツにおいて生じるパフォーマンスの低下に関する問題である。

　スポーツではこのような現象をイップスといい，「運動スキルの実行に影響を与える

心理・神経・筋障害」と定義されている（Clarke et al., 2015）。スポーツだけではなく，音楽家において楽器の演奏が困難になる，調理師が包丁を上手く扱えなくなる，紙に文字を書くことが困難になるなど，他の職業や日常生活で行う動作ができなくなることも類似した現象であり，スポーツ以外の分野ではジストニアとよばれる。

（2）イップスの症状の分類

　図8-4は，身体面（縦軸）および心理面（横軸）の症状の度合いから，イップスのタイプが3つに分類できることを示している。心理面の症状が少なく，身体面の症状が多い場合はタイプⅠ，反対に身体面の症状が少なく，心理面の症状が多い場合はタイプⅡに分類される。身体面と心理面の両方の症状が生じる場合はタイプⅢに分類される。また，タイプⅠからタイプⅢに向かう矢印や，タイプⅡからタイプⅢに向か

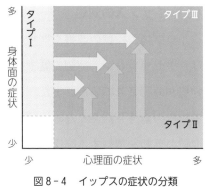

図 8-4　イップスの症状の分類
(Clarke et al., 2015 を改変)

う矢印は，タイプⅠやタイプⅡのいずれかの症状からイップスが始まり，その後に両方の症状が生じる場合があることを意味する。

（3）身体面の症状

　フォームの力みと呼称されるように，イップスを有するアスリートは動作時に筋活動が大きくなるとともに，同じ動作を再現できなくなる。たとえば，ゴルフパッティングにおけるイップスでは，前腕や上腕の筋活動が大きくなり，グリップを握る力の強さも大きくなる。さらに，ボールを打つときのパターの開閉角度の変動性が大きくなり，動作の再現性が低下する。これらの症状は，タイプⅠのゴルファーにおいて顕著に生じる。さらに，動作中の手の震えも，ゴルフやソフトボールなどにおいてイップスを有するアスリートが呈する症状の1つである。

（4）心理面の症状

　イップスを有するアスリートは，プレーに対する不安や社会的不安が高まるとともに，自信が低下し，競技回避傾向が高まる。さらに，プレー中に動作に対する注意が増加し（第3章における「狭く内的な注意」や「注意の内的焦点」を参照），注意の切り替えも困難にな

りやすい。

イップスを生じさせやすい性格を調べる研究も行われており，完全主義が高い選手ほどイップスを発症しやすい。さらに，外向性の高さ，積極性の高さ，誠実性の低さなども，野球やゴルフにおいてイップスを発症したアスリートが有する性格特性であることを示した研究結果もある。

（5）イップスの対処

イップスの症状の改善や緩和を図るための対処法の効果も報告されており，イメージ，リラクセーション，認知の置き換え，ルーティンなどの心理的スキルを活用することの効果が確認されている。また，脳内の不足したドーパミンを補うためや，筋を緊張させる神経の働きを抑えるための薬物療法，手術によって脳深部に電極を埋め込み，大脳基底核の活動を調整する脳深部刺激療法などによって，イップスの症状が緩和した事例も報告されている。

イップスを呈するアスリートに対する，チームメイトや指導者などの社会的サポートも，症状の緩和やさらなる悪化の予防に対しては重要である。そのためには，イップスを呈するアスリートのみならず，チームメイトや指導者においてもイップスに関する知識や理解を増やし，イップスに対して寛容なチームの雰囲気づくりが求められる。このような環境づくりによって，イップスを呈するアスリートがチームの活動に参加し，イップスの緩和に取り組みやすくなる。

なお，イップスの対処に関する研究は発展途上の最中である。将来的にはタイプⅠの症状に有効な対処法，タイプⅡの症状に有効な対処法などのように，イップスを呈するアスリートの個々の症状に応じた対処法を選択できるようになることが期待される。

4．苦難の克服による心理的成長

（1）心的外傷（トラウマ）

本章で上述してきたスランプ，バーンアウト，イップスなどのアスリートにとっての苦難は，競技を継続することが困難になるケースも多々あり，経験をしないに越したことはない。大きな怪我もこのなかに含まれるが，競技生活を長く続ければ続けるほど，これらの苦難に遭遇することは多い。これらの苦難は，回復までの時間，チーム内での立場，アスリートとしての自信やアイデンティティーなどの様々なものを犠牲にするた

め，アスリートは大きな心理的ダメージを受ける。このような心の傷を心的外傷やトラウマ（trauma）という。

（2）心的外傷後成長

　しかしながら，アスリートがトラウマともよばれる危機に直面したときに，その克服や適応によって心理的な成長も促進させる。苦難な状況でもがくなかで，ポジティブな心理的変容を経験することは心的外傷後成長（posttraumatic growth）とよばれる。アスリートとしての心的外傷後成長は，「チームメンバーとの関係性」（指導者やチームメイトなどの支えてくれる方々への感謝の気持ち），「競技者としての強さ」（我慢強さや自分との向き合い），「新たな可能性への取り組み」（正しい身体の動きへの意識や新たなトレーニングの導入），「競技に向けた準備力の向上」（食事や睡眠の改善，練習や試合に向けた準備の重視）の要素によって構成されている。

　イップスを経験した野球選手においても，「競技に対する意識の肯定的変化」「自己認知の変化」「精神的なゆとり」「他者に対する見方・考え方の変化」「競技に対する理解の深まり」といった心理的成長が生じたことが報告されている。したがって，スランプ，バーンアウト，イップスなどのアスリートにとっての大きな苦難は，競技に対する取り組みを見つめ直し，周囲との関係も含めて自己を成長させるチャンスと捉え直すことも可能である。

第**9**章 運動・スポーツの動機づけ

【学習目標】
① 内発的動機づけと外発的動機づけを説明できるようになる。
② 自己および他者の動機づけを望ましい方向へ促進する方法を学び，実践できる
　ようになる。

1．動機づけとは何か

　あなたは，運動部のチームメイトが毎日練習終了後に自主練習を行っている姿を見た
ら，そのチームメイトはモチベーションが高いと感じるだろう。しかし，なぜそれを行
うのかという理由は人によって様々である。たとえば，そのチームメイトは，監督から
自主練習するようにいわれ仕方なく練習しているのかもしれないし，新しい技術の習得
が楽しいから行っているのかもしれない。つまり，毎日，練習終了後に自主練習をして
いるという行動の「量」だけの視点では，動機づけの理解は不十分といえる。

　動機づけ（motivation：モチベーション）は，「行動を一定の方向に向けて発動させ推
進し持続させるプロセス」と定義される。鹿毛（2022）は，動機づけの量的側面をエネル
ギー性，質的側面を方向性とよんでいる。エネルギー性とは，いわばエンジンの働きを
指し，動力といえる。一方，方向性とは，ハンドルの働きを意味する。たとえば，車が
どこへ向かうかはハンドルの働きによって決定される。つまり，方向性を示す動機づけ
の「質」の視点がむしろ重要といえる。

　動機づけの働きを質の視点から考えた場合，まず，人の行動を引き起こす働きがある。
スポーツ活動にたとえれば，オリンピックで初めて見たスポーツに興味を持ち，その後，
スポーツ教室に通い始めることがあてはまる。次に，行動を持続させる働きがある。先
の例でいうと，通い始めたスポーツ教室での活動で新しい目標が芽生え，その目標達成
に向かって努力している状態である。最後に，行動を強化させる働きがある。再び先の
例でいうと，スポーツ教室での活動で立てた目標が達成でき，その満足感から別のスポ
ーツにも挑戦したいと思うようになるといったことがあてはまる。

2．外発的動機づけと内発的動機づけ

　動機づけの質を考える際に，最も有名で理解しやすい動機づけの区別は，外発的動機づけと内発的動機づけといえる。

　外発的動機づけと内発的動機づけは次のように区別される（Murray, 1964）。外発的動機づけは，「活動と報酬の間に固有の結びつきがなく，報酬を得るために活動が遂行される場合」と定義される。つまり，活動することが何らかの目的を遂行する手段として動機づけられている状態である。また，外発的動機づけには罰の回避のために活動が遂行される場合もあてはまる。一方，内発的動機づけは，「その活動自体から得られる快や満足のために活動が遂行される場合」と定義される。つまり，活動すること自体が目的として動機づけられている状態である。

　これまで外発的動機づけと内発的動機づけという分類は，外発的動機づけが悪，内発的動機づけが善といったように対立する概念として語られることが多かった。たとえば，その要因の 1 つとして，アンダーマイニング効果の問題がある。アンダーマイニング効果とは，自発的な活動に対して報酬を与え続けて，その後報酬をやめると，報酬を与える前よりも自発的な活動量が低下する，すなわち，報酬が内発的動機づけを低下させる現象である。しかし，スポーツや運動に対する内発的動機づけは，多くの場合，もともと存在するものではなく，経験によって形成されるものである。ある活動が外からの様々な働きかけによって始まったとしても，徐々に個人的な価値の理解につながり，外からの働きかけがなくても自己決定によって活動を持続し，目標到達まで努力することがある。このように外発的動機づけと内発的動機づけを連続体として捉え，外発的動機づけの再評価をもたらした理論が自己決定理論である。

3．自己決定理論

　デシとライアンによって提唱された自己決定理論（Self-determination theory [Deci & Ryan, 1985, 2002, Ryan & Deci, 2017, Ryan, 2023]）は，現在，最も代表的な動機づけ理論の 1 つとされている（ほかの代表的な動機づけ理論である達成目標理論は第 2 章で紹介している）。自己決定理論は，「認知的評価理論」「有機的統合理論」「因果志向性理論」「基本的心理欲求理論」「目標内容理論」「関係性動機づけ理論」という 6 つの下位理論から構成され

ている。自己決定理論は，研究の発展にともないアップデートされてきた。本章では，自己決定理論のなかでも，運動・スポーツ場面でよく用いられている有機的統合理論と基本的心理欲求理論を解説する。

4．有機的統合理論による動機づけの分類

　有機的統合理論によれば，外発的に動機づけられている行動（非自律的に動機づけられている行動）であっても，内在化の過程を通して自律的に動機づけられた行動になる場合も存在すると仮定しており，外発的動機づけをさらに自律性の程度（価値の内在化の程度）によって分類している。つまり，有機的統合理論は，人間が社会的な価値観などを自己のものとして内在化していく過程を理論化したものであり，非自律的であった動機づけが自律的な動機づけへ変化していく過程を示している。

　図9-1に有機的統合理論による動機づけの分類を示した。この動機づけの分類は自己決定連続体とよばれている。この図によれば，動機づけは，非動機づけ，外発的動機づけ，および内発的動機づけの3つに分類される。また，動機づけの下位概念は，調整タイプと名づけられている。

　非動機づけとは，行動する意図が欠如しているにも関わらず，その活動に取り組んでいる状態である。無動機な状態ともいわれる。たとえば，ある人が目標もなく，なぜ活動するのか理解しないまま取り組んでいたり，行動をしても何も変わらないと考えている状態といえる。

　外発的動機づけは，下位概念である4つの調整タイプ，すなわち，外的調整，取り入

図9-1　有機的統合理論による動機づけの分類（Wasserkampf et al., 2017 を改変）

れ的調整，同一視的調整，および統合的調整から成り，この順序で価値の内在化の過程を自律性の程度により4つの段階に分けている。外的調整は，全く自己決定がなされていない状態で活動を行っている段階である。外的調整ではすべてにおいて当事者の行動は，外圧によって開始される。本人は周りからの圧力によって仕方なくその行動を行っている状態である。取り入れ的調整は，活動の価値を自己の価値として取り入れつつあるものの，まだ，「しなければならない」といった義務的な感覚をともなって行っている段階である。たとえば，「しないと罪悪感があるから」というようにネガティブな理由で何かを行っている場合が当てはまる。取り入れ的調整が，先の外的調整と異なる点は活動に対する価値の内在化が始まっている点である。同一視的調整は，ある活動を自分にとって重要なものとして理解し，ある活動の価値を自分の価値として同一視して取り組んでいる段階である。第2段階の取り入れ的調整と比べて，一層，自己決定が積極的な方向に進んでいる。最後に，外発的動機づけのなかで最も自律性の高い段階として，統合的調整が存在する。統合的調整は，何らかの活動を目的達成の手段としつつも，当事者は望んで行動している状態と考えられる。つまり，他にやることがあった場合でも，何の葛藤もなく自然とその活動を優先できる状態であり，自ら「やりたくて」その活動を選択している状態といえる。内発的動機づけは，その活動自体が目的であり，そこから得られる楽しみや満足に動機づけられている状態である。内発的動機づけの調整タイプは，内的調整と名付けられている。近年，外的調整および取り入れ的調整は非自律的動機づけとよばれる。一方で，同一視的調整，統合的調整，および内発的動機づけは自律的動機づけと名付けられている。動機づけに関する近年の研究では，非自律的動機づけと自律的動機づけの概念的分類で研究が進められる場合もある。

　ところで，人がスポーツや運動を始めてから定期的に行動を維持するようになるプロセスにおいて，どのように動機づけが変化しているのかを検討することは，スポーツや運動の継続を支援していくうえで意味がある。運動場面における動機づけの作用を研究するため，Matsumoto et al.（2021）はこの有機的統合理論を適用して尺度を作成し，成人を対象に運動実施状況との関連を検討している。その研究も含め，これまでの先行研究から長期にわたる定期的な運動継続に内発的動機づけや同一視的調整，統合的調整といった自律的動機づけが重要であることが明らかになっている（松本ほか，2003, Matsumoto & Takenaka, 2004, Teixeira et al., 2012）。まとめると，運動実践を動機づけの側面からみた場合，外的調整，および取り入れ的調整のような外部からの働きかけによって生起する非自律的動機づけよりも，同一視的調整，統合的調整，および内発的動機づけのよう

な自律的動機づけのほうが運動を実践していくに際して望ましい動機づけであることが
実証研究から明らかになっている。

5．基本的心理欲求理論による動機づけ支援

　スポーツ指導者や運動指導者で自らが指導する選手や参加者の自律的な動機づけを高
めることに苦労している人は多いかもしれない。

　人の自律的動機づけはどうすれば高めることができるのか。そのような問いに対して，
デシとライアンは，基本的心理欲求理論を提示している。自己決定理論の下位理論の1
つである基本的心理欲求理論では，有能さへの欲求，自律性への欲求，および関係性へ
の欲求の3つを，基本的心理欲求と仮定している。デシとライアンは，人を内発的に動
機づけ，また活動の価値を内在化させるためには，それらの3つの基本的心理欲求を満
足させることが重要であると述べている。つまり，この3つの欲求が満たされる環境で
人は自律的に動機づけられる（図9-2）。以下では，松本（2012）および松本（2023）を参
考に3つの基本的心理欲求について解説する。

　有能さへの欲求とは，自分が有能であると感じたいという欲求である。つまり，周囲
の環境と効果的に関われていると感じていたいという欲求ともいえる。White（1959）は，
有能さを環境と効果的に相互作用する能力であるとし，人はその能力を発揮できたとき
に感じる効力感を求めるとしている。基本的心理欲求理論における有能さへの欲求は，
自分に能力があるということを確認したいという欲求であるとされている。たとえば，

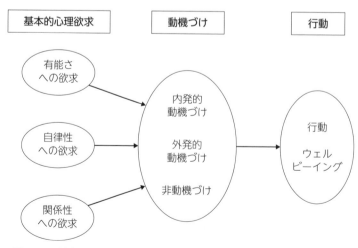

図9-2　基本的心理欲求と動機づけ，行動との関連（松本，2012より改変）

自分が得意と感じているスポーツであれば意気揚々と参加するといったことがあてはまる。

　次に，自律性への欲求とは，自らの行動は自律的でありたいという欲求である。ここでの自律性とは，指し手とコマという概念を基にしている（deCharms, 1976）。この概念はチェスや将棋の指し手とコマにおきかえると理解しやすい。自分の行動の原因を自分自身のなかに感じていることを指し手という。コマというのは，自分は振り回されていると感じ，自分はあやつり人形にすぎないと感じていることである。このように，自分で決定している感覚があるのか，もしくは他者によって決められている感覚があるのかは，動機づけに大きく影響する。基本的心理欲求理論においても，自律性への欲求は，自律的な動機づけの基になる概念である。たとえば，チームの練習内容を決める場合，コーチがすべて決めるのではなく，選手自らが練習内容の選択に自己決定感を感じるようであれば，おのずと取り組みは意欲的になる。

　そして，関係性への欲求とは，他者と良好な結びつきを持ちたいという欲求である。これは単に他者とコミュニケーションを円滑に行いたいという欲求ではない。安全と感じることができる人間関係が構築された環境で，自らの活動を行いたいという欲求である。たとえば，身体を動かして表現することが苦手と感じている人が，自分のことを好きといってくれる仲間とならダンスのサークル活動を続けたいといったとすると，その人はそのサークル活動によって，関係性への欲求が満たされていると考えられる。

　自己決定理論では，人間は本来積極的で能動的な存在であり，人間のなかには自分自身の成長と発達をめざす志向性があるとしている。デシとライアンによれば，有能さ，自律性，および関係性への欲求は，本来人間が有しているものであり，これらの欲求を満足させることが活動に対して自律的に動機づけることにつながる。逆にいえば，その人が活動に対して自律的に動機づけられていない場合，その人の置かれている環境が 3 つの基本的心理欲求を妨げる環境であるとも考えられる（Matsumoto & Takenaka, 2022）。

　それではどのような対人的関わりが基本的心理欲求の満足につながるのだろうか。自己決定理論では，対人的な関わりを動機づけスタイルとよび，大きく 2 つに区別している（図 9-3）。1 つは自律性支援である。自律性支援的な動機づけスタイルは，他者が自分自身の成長と発達をめざす能動的な存在であることを認め，当人の自律性を支援するような関わり方を指す。一方は統制（コントロール）とよばれる。統制的な動機づけスタイルは，他者が特定の結果を達成するようにプレッシャーを与えるような関わり方を指す。

　表 9-1 は動機づけスタイルの行動の原理，行動の特徴，および具体的な行為を比較

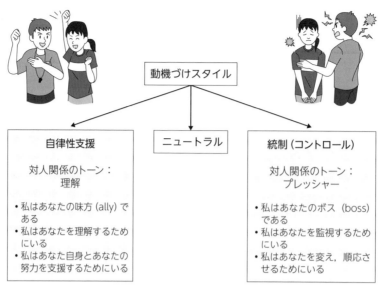

図9-3　動機づけスタイル (Reeve, 2018)

したものである。スポーツ場面において自律性支援的な動機づけスタイルはすでに多く
の研究成果が報告されており，これまでの研究成果をまとめた論文によると，選手のウ
ェルビーイング，自律的動機づけ，コミットメントなどにポジティブな影響があること
が明らかになっている (Mossman et al., 2022)。一方，統制的な動機づけスタイルに関し
ては，まだ研究報告数が少なく（たとえば，戸山ほか，2020），先行研究の成果をまとめた
論文は発表されていない。しかしながら，近年，スポーツ指導者の統制的な動機づけス
タイルを評価する尺度が開発されており (Matsumoto et al., 2023)，スポーツ場面におけ
る統制的な動機づけスタイルについても研究の発展が期待されている。

表9-1　動機づけスタイルの比較 (鹿毛, 2022 より一部改変)

	自律性支援	統制（コントロール）
行動の原理	・他者の立場に立つ ・個人的な成長の機会に価値を置く	・特定の成果に向けてプレッシャーを与える ・特定の成果を重点目標として位置づける
行動の特徴	・内面的な動機づけ資源を育む ・言葉を柔軟に駆使する ・合理的理由をわかりやすく伝える ・ネガティブ感情の表出を認め受け入れる ・他者の立場を認める	・外発的動機づけを利用する ・プレッシャーを与える言葉を駆使する ・合理的理由の説明を軽視する ・ネガティブ感情を抑えて葛藤を解決するように要求する
具体的な行為	・傾聴する ・他者が語る時間を許容する ・努力することを励ます ・進歩や熟達をほめる ・当人が何を望んでいるのか尋ねる ・質問に応答する	・するべきことや正しいことを伝える ・指示や命令を与える ・「すべきだ」「しなければならない」といった言葉づかいを多用する ・相手に多くのことを要求する

第10章 チームと集団

　本章ではチーム内で観察される心理学に関わる現象を中心に解説する。「チーム」（team）とは，一般的に「集団」（group）の1つの形態を表す言葉である。集団とひと言にいっても様々な研究者が広義の集団から狭義の集団まで幅広く定義しているため，簡潔に集団の定義について説明することは難しい。ただし，チームの定義について説明するのであれば，集団に関する様々な定義のうち，どちらかというと狭義の集団に近い形態の1つと捉えて説明することができる。たとえば，山口（2008）はチームとよぶための条件として，2人以上の集まりであることに加えて，① チームとして達成すべき明確な目標を共有していること，② メンバー間の協力と相互に依存した関係が認められること，③ 各メンバーに果たすべき役割が割り振られていること，④ チームのメンバーとそれ以外の人々との境界が明瞭であることの4点を挙げている。これらの条件はスポーツ場面で観察されるチームを想定しながら列挙されているわけでは無いが，十分に共通性が認められるといえる。

1．メンバーの存在によって生じる動機づけや行動の変化

　サッカーやバレーボールのようなチームスポーツに取り組んだ経験のある人たちであれば，自分自身の競技中の動機づけや，練習中の何気ない行動，態度，感情がチーム内の他のメンバーから影響を受けていると感じたことはないだろうか。このような「個人間，集団間に限らず，一方の行為者が他方の行動，態度，感情などを変化させること」（今井, 1999）を社会的影響（social influence）とよぶ。本節では他のメンバーの存在によって生じる動機づけや行動の変化に着目して紹介する。

（1）メンバーの存在によって生じる動機づけの低下

　複数のメンバーらが並行して同じ動作を遂行，かつ最大限の力を発揮することが求められる綱引き競技において，綱を引っ張る場面を想像してほしい。私たちはこのような場面において次のような見立てを素朴に抱くことが多い。それは綱を一緒に引っ張るメンバーが3名として，各々が単独で綱を引っ張ったときの力を100とするならば「3名同時に綱を引っ張ったときに予測される力は100＋100＋100＝300になるだろう」という見立てである。しかし，実際に複数のメンバーで綱を引くと，メンバーらの力を単純に合算した場合に予測される力には及ばないことがよく知られている（つまり「実際に発揮される力」＜「事前に予測される力」の関係）。このような1人1人のパフォーマンスを合算することで構成されるチームパフォーマンスが事前に予測されたチームパフォーマンスを下回る背景について，Steiner（1972）は調整の損失（coordination loss）と動機づけの損失（motivation loss）といった2つの原因があることを指摘した。前者は，複数のメンバーで綱を引っ張ろうとすると力を発揮するタイミングや綱を握り直すタイミングがメンバー間で微妙にずれるなどして効率的に力を集約できないことに起因する損失を意味する。後者は，1人で綱を引っ張る場面よりも複数のメンバーで綱を引っ張る場面において努力を費やさなくなってしまうことに起因する損失を意味する。特に動機づけの損失については，後にLatané et al.（1979）によって社会的手抜き（social loafing）と命名され，その後，数多くの研究が行われるきっかけとなった。

　社会的手抜きは「集団で協同作業を行うとき，1人当たりが投与する作業への遂行量が，人数が多くなるほど低下する現象」（吉田，1999）と定義されている。チームとして何かに取り組むがゆえに生じるこのような動機づけの低下は，綱引きのような身体運動を伴う課題だけでなく，仕事に関連する課題（タイピングに取り組む）や認知的な課題（アイデアを想起する）など，努力を要する様々な課題で観察されている（Karau & Wilhau, 2020）。

　釘原（2011, 2013）は，チーム内において社会的手抜きを防ぐには幾つかの方法があると述べている。たとえば，チームパフォーマンスに対してメンバー1人1人がどの程度貢献できているのかを正確に評価できる制度をチーム内に整備する方法がある。メンバー1人1人の貢献度を評価できない環境では，チームとして成功した場合に誰のおかげで成功したのかわからないし，失敗した場合に誰のせいで失敗したのかわからない。こういった環境では個々のメンバーの責任が分散するためメンバーの動機づけが低下する。誰がどの程度チームパフォーマンスに貢献したのか，はっきりと評価できる制度をチー

ム内に整備することが社会的手抜きの防止には効果的である。また，自分自身のパフォーマンスの出来がチームパフォーマンスを左右すると強く認識させることも効果的な方法の１つである。これには事前に競技場面における各メンバーの役割を明確化することが有効である。これら以外にも，チームのメンバーらに対してこれから取り組む競技大会が価値あるものと認識させたり，他のメンバーに対する信頼感を高めたりするほか，チームパフォーマンスの変動をメンバー間で共有したりすることも社会的手抜きを防ぐうえで効果的な方法とされている。

（2）メンバーの存在によって生じる動機づけの上昇

　前項では，綱引き競技のような複数のメンバーらが並行して同じ動作を遂行，かつ最大限の力を発揮することが求められるような場面では社会的手抜きが生じると説明した。しかし，同じ場面でも次のような状況ではむしろメンバーの動機づけが高まることが知られている。具体的には，これから取り組む課題（たとえば競技大会など）が自分自身にとって価値や意義があるもので，かつ望ましい結果を望んでいるにもかかわらず，一緒に課題に臨むメンバーのパフォーマンスが不十分と予期される状況で観察される。この現象は，Williams & Karau (1991) によって社会的補償（social compensation）と命名され複数の研究が行われている。

（3）メンバーの存在によって生じる行動の変化

　チームスポーツでは所属するメンバーらが１つの場所に集まってトレーニングを行うのが一般的である。毎日トレーニングをするなかで競技力向上にとって有意義なトレーニングもあれば，なぜそのようなトレーニングをしなければならないのか誰一人理解しないままに行われている非合理的なトレーニングもあると考えられる。このようなトレーニングは直ぐに是正されるのかと思いきや，誰も異議を唱えることなく，チーム内において長期間にわたって残り続けていたりする。これには同調（conformity）とよばれる現象が密接に関連している。

　同調は「集団や他者の設定する標準ないし期待に沿って行動すること」(小関, 1999) と定義されている。有名な実験としてアッシュの同調実験（Asch, 1951）がある。この実験では実験参加者に標準刺激として１本の線分を提示し，実験参加者はこの線分と同じ長さを３つの比較刺激のなかから１つだけ選択するように求められる。図 10-1 はその一例であるが，この場合標準刺激と同じ長さは２となる。アッシュの同調実験における重

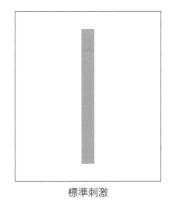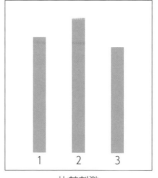

標準刺激　　　　　　　　　　比較刺激

図 10-1　アッシュの同調実験で使われた実験課題

　要なポイントは，この実験課題を集団の状況で回答させることにある。特に，実験参加者よりも前に回答する人たち（この人たちはいわゆる「サクラ」である）が，比較刺激のなかからわざと全員一致で間違った選択肢を選んだ際，実験参加者がどのように回答するのかが検討されている。その結果，実験参加者よりも前に回答する人たちが全員一致で誤答を選択した全試行のうち，およそ 3 分の 1 の試行において誤答を選択した（つまり，他者の間違った回答に同調した）ことが明らかにされている。また，サクラが誤答を選択する試行は実験参加者 1 名につき 18 試行中 12 試行含まれていたが，この 12 試行のうち半数以上の試行で誤答を選択した実験参加者が 3 分の 1 いたことも示されている。非合理的なトレーニングに対して誰も異議を唱えることなくチーム内において長期間残り続けている背景には，こういった他者の考えや行動に合わせようとする同調行動が関わっていると考えられる。

2．チームパフォーマンスに関わる心理的要因とその高め方

（1）チームの実力発揮に関わる心理的要因

　競技場面において普段通りの実力を発揮するにはチーム全体として自信を抱きながら臨むことが大切である。このチーム全体としての自信に関連する心理的な構成概念として集合的効力感（collective efficacy）がある。

　集合的効力感は「あるレベルに到達するため必要な一連の行動を，体系化し，実行する統合的な能力に関する集団で共有された信念」（Bandura, 1997）と定義されている。より一般的には，目前の課題（たとえば，「チームとして○○を相手に○○点以上のスコアを記録すること」など）に対して「私たちはできる・できない」といった予期を表わす構成

概念として理解されている。

　Chow & Feltz（2007）は集合的効力感に影響を与える要因と集合的効力感がチームの行動や思考様式に及ぼす影響について整理している。まず集合的効力感に影響を与える要因であるが，これらは特に自己効力感や集合的効力感の研究において情報源とよばれている。これまでの研究において集合的効力感に影響する複数の情報源が明らかにされているが，そのなかでも熟達的な経験は最も影響力がある情報源と位置づけられている。重要な競技大会で強豪チームに勝利するなど，チームとして何かを成し遂げた経験が集合的効力感を効果的に高めることに繋がるのである。一方，相手チームに敗れるなど，チームとして挫折を経験すると集合的効力感は低下する。チームのリーダーが発揮するリーダーシップも集合的効力感を高めるうえで効果的な情報源とされている。リーダーが自信に満ち溢れた態度でメンバーと接することでメンバーらの集合的効力感が高められる。

　これら複数の情報源を通して集合的効力感が高められると，チームとしての行動や思考様式に対して望ましい影響が認められる。具体的には，目前の課題（たとえば競技大会など）に対して一層の努力を費やしたり，粘り強く取り組んだりするようになる。集団凝集性にも望ましい影響を及ぼすほか，チームとして適切な目標（チームの実力から考えて妥当な目標）を設定するようになる。さらに，集合的効力感の高いチームでは，成功も失敗もメンバー全体で責任が共有されるため競技前の不安も低減されるようである。

（2）チームの一体感や団結力に関わる心理的要因

　チームに所属するメンバー同士でコミュニケーションが円滑に取れており，かつトレーニング場面や競技場面でお互いに連携・協力ができているチームは，第三者の視点から観察すると一体感のあるチーム，または団結力のあるチームに見える。こういった一体感や団結力といった言葉と密接に関連する構成概念として集団凝集性（group cohesion）がある。

　集団凝集性は「メンバーを自発的に集団に留まらせる力の総体」（亀田，1999）と定義される多次元的な構成概念である。大きく分けるならば，課題的側面に対する凝集性（チームの目標や目的を達成することに関連）と社会的側面に対する凝集性（チーム内における社会的関係の発展や維持に関連）の 2 つに分けて捉えることができる。

　Carron et al.（2005, 2007）は，集団凝集性に関連する要因について環境要因，個人要因，リーダーシップ要因，チーム要因の 4 つに分けて整理している。これら 4 つの要因

はそれぞれ集団凝集性と関連すると同時に要因間においても相互に関連するとされている。以下，集団凝集性と各要因との関連性についてキャロンらが述べている点を抜粋して紹介する。

　第1に環境要因である。一般的にチームに所属するメンバーの人数が増えるほどに集団凝集性は低下する傾向にある。チームの競技レベルも環境要因の1つとして位置づけられており，比較的競技レベルが低いチームほど集団凝集性が高まりやすいとされている。第2に個人要因である。チームの集団凝集性を高く認識しているメンバーは練習時間を守り，練習や試合に参加する傾向が高い。一方，集団凝集性を低く認識しているメンバーは練習中にあまり努力を費やさない傾向が認められるようである。第3にリーダーシップ要因である。指導者がソーシャルサポートに気を配ったり，肯定的なフィードバックを用いたりするなど，指導の質が高水準であるほどにメンバーらは課題的側面に対する凝集性を高く評価する。また，指導者がチーム内の意思決定方法として，メンバーらが参加できる民主的な意思決定方法を採用することによっても課題的側面に対する凝集性が高く認識されるようである。第4にチーム要因である。集団凝集性はチームスポーツにおけるパフォーマンスと正の関連があると繰り返し示されている。また，チーム内で与えられた役割への関わり方（役割の明確さ，役割の受容，役割の遂行）と集団凝集性にも正の関連があるとされている。

　最後に，集団凝集性が高いチームにおいては先ほど説明した同調行動がより顕著に観察されるため注意が必要である。他のメンバーからの同調圧力が強くて簡単にチームから離脱できない状況において，1人だけチームの運営方針に異議を唱えることがどれほど困難であるかは容易に想像できるだろう。異議を唱えた結果として離脱しなければならなくなったメンバーに対して，残ったメンバーが謂れの無い言いがかりを向けることすらある。集団凝集性が高ければあらゆる側面においてすべて望ましい変化が得られるわけではない点は覚えておかなければならない。

（3）チーム内の環境を改善するための心理サポート

　チーム内の環境を改善するために行われる心理サポートの1つとしてチームビルディング（team building）がある。チームビルディングでは，前項で紹介した集団凝集性を高める働きかけを行うことで，個々人の動機づけの上昇や共通目標への方向づけ，チームパフォーマンスの向上が図られる。チームビルディングを実際に行う際の方法としては，スポーツメンタルトレーニングの専門家や研究者などが直接的にチームへ働きかけ

る直接的アプローチと，チームの指導者やキャプテンを介して間接的にチームへ働きかける間接的アプローチがある。

　Martin et al. (2009) は，スポーツチームを対象に行われたチームビルディングに関する研究を統計的に集約して分析した結果，チームビルディングはスポーツチームのパフォーマンス向上に寄与することを明らかにしている。そして，チームビルディングの効果を強めたり弱めたりする要因についても分析結果から論じている。たとえば，多種多様な内容で構成されたオムニバス形式のプログラムよりも，目標を設定することに特化した内容で構成されたプログラムの方が効果的であることを示している。チームビルディングでは，しばしば多種多様な内容で構成されたオムニバス形式のプログラムで介入が行われるが，このようなプログラム構成は参加者たちに「何を目的に行っているのか」を意識させ難くしてしまう。チームに対してチームビルディングを実施する際は，提示する内容の順序を綿密に組み立てたうえで，参加者に意図がはっきりと伝わるよう，できるだけ余計なプログラムを排除して構成することが大切である。なお，直接的アプローチでも間接的アプローチでもチームビルディングの効果の現れ方には差がないようである。

第 *11* 章　スポーツ指導

> 【学習目標】
> ① 体罰を用いたスポーツ指導の問題点を説明できるようになる。
> ② 過去に体罰を経験した人たちがなぜ体罰を容認するのか説明できるようになる。

　我が国における青少年スポーツの中心的な活動の場は中学校や高等学校で行われる運動部活動である。運動部活動ではしばしば指導者による不適切なスポーツ指導が問題となる。本章では運動部活動場面で問題となる不適切なスポーツ指導のうち，特に体罰を用いたスポーツ指導にまつわる問題点を中心に解説する。

1．体罰を用いたスポーツ指導の問題点

（1）体罰に含まれる具体的な行為

　運動部活動における体罰問題を理解するには，最初にどのような行為が体罰にあたるのか知っておく必要がある。しばしば体罰問題が発生する学校教育の場面（運動部活動を含む）では，文部科学省や各都道府県の教育委員会から体罰に関するガイドラインが公表されている。それらのガイドラインを踏まえると，おおよそ体罰とは「教員が戒めるべき言動を再び繰り返させないために，児童・生徒の身体に直接的または間接的に肉体的苦痛を与える行為」と定義づけることができる（東京都教育委員会, 2014）。直接的な肉体的苦痛とは身体への侵害を内容とする行為であり，具体的には殴る・蹴るといった行為を指している。一方，間接的な肉体的苦痛とは，児童・生徒に対して直接的ではないものの肉体的苦痛を与える行為であり，具体的には長時間の正座や起立などを指している。また，「戒めるべき言動を再び繰り返させない」といった教育的な目的に基づく行為（懲戒）であるという点で単なる暴力とは区別されている。なお，当然のことながら運動部活動を含む学校教育の場面で体罰を用いることは学校教育法第11条で禁止されている。

（2）体罰を用いたスポーツ指導に教育的な効果はあるのか？

　運動部活動の指導者になる可能性のある大学生を対象に，体罰や暴力を受けたその後どうなったのかを調べた調査報告書がある（全国大学体育連合，2014）。一般的に体罰を受けると部員の心のなかでは，体罰をいつまた受けるのか不安になったりプレーが委縮したりするほか，なぜ私だけ体罰を受けなくてはならないのかといった否定的な反応が現れると予測される。しかし，図 11-1 に示す通り，実際はそういった否定的な反応だけではなく「精神的に強くなった」や「技術が向上した」，「試合に勝てるようになった」など肯定的な反応も認められることが報告されている。

　それでは体罰を経験した人たちが報告したような教育的な効果が体罰を用いたスポーツ指導にあると考えてよいのだろうか。この点に関して，心理学に関連する学術団体である日本行動分析学会が 2014 年に声明を発表している（日本行動分析学会，2015）。この声明では，体罰が効果的な学習を促進しないことなどを理由に，運動部活動を含む社会の様々な場面で行われる体罰に対してはっきりと反対の立場を表明している。

（3）体罰を用いたスポーツ指導の問題点

　日本行動分析学会（2015）の声明では，体罰の問題点について科学的な研究成果に基づいて詳しく説明されている。ここではそのうち 3 点を抜粋して紹介する。

　第 1 に，体罰によって学び手の望ましくない行動が減るのは一時的であり，状況に依

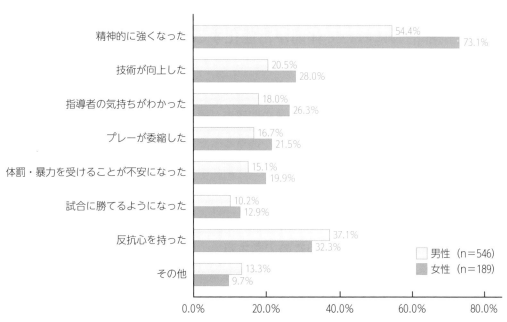

図 11-1　体罰を受けたその後どうなったかについて調査した結果（全国大学体育連合，2014 の p.10，図 1 -11）

存しやすい点である。たとえば，指導者が体罰を行った結果として部員の望ましくない行動をやめさせることができたとしても，指導者のいないところでは再び望ましくない行動が現れるなど，およそ学習したとは言えない状況が発生する。一般的に学習とは，「経験を通じて行動に持続的な変化が生じる現象」（長谷川ほか，2008）を指す。つまり，体罰によって行動が変化したとしても行動の変化が持続しないのであれば効果的に学習したとは言えない。第2に，体罰は学び手の心のなかで否定的な情動反応を生じさせる点である。指導者から体罰を受けた直後は，部員の心のなかで不安や恐怖，怒りなどといった強いストレス反応が生じる。また，体罰を受けた状況や理由によっては，なぜ自分だけ体罰を受けなければならないのかといった指導方法に対する不信感を募らせたり，体罰を行った指導者に対して敵意を向けたりするなど否定的な気持ちを抱くことに繋がる。第3に，学び手に対して苦痛刺激を繰り返し与えると耐性があがり，同じ効果を得ようとするためにはより強い苦痛刺激を与えなければならない点である。最初は頭を軽く叩く程度で部員の望ましくない行動をただすことができても，次第に頭を軽く叩くだけでは部員の行動に変化が見られなくなり，頬への平手打ちや物で殴るなどさらに強い苦痛刺激を伴う体罰へと激化していくことになる。強い苦痛刺激を伴う体罰は，競技活動を中断しなければならないほどの怪我や精神的健康を損ねる可能性を高める。以上の問題点を知るだけでも，運動部活動で体罰を用いてスポーツ指導をすることがどれだけ望ましくないことなのか理解できるはずである。

2．運動部活動において体罰が常態化する背景

　体罰の問題点は前節で述べた通り科学的な研究成果に基づいて複数挙げられている。また，過去にマスメディアを通じて体罰の問題点が繰り返し報道されたこともあり，一般社会でも運動部活動中の体罰には問題があると広く共有されている。しかし，それでもなお運動部活動において指導者が繰り返し体罰をふるっていたという報道を定期的に見聞する。

（1）常態化した体罰を理解するための考え方

　運動部内で指導者による体罰が常態化する背景についてオペラント条件づけ（または道具的条件づけ）の観点から考える。オペラント条件づけとは，行動とその結果生じる出来事（報酬や苦痛刺激など）との関係性についての学習のことで，よりわかりやすく言

えば「こうすればこうなるだろう」といった試行錯誤的な学習のことを指す（長谷川ほか，2008）。

　オペラント条件づけでは行動を増やす原理を「強化」（reinforcement）とよび，減らす原理を「弱化」（punishment）とよぶ。この「強化」と「弱化」には，それぞれある行動をとった直後に何かが出現することを意味する「正」（positive）と，何かが消失することを意味する「負」（negative）がある。これらの組み合わせによって図 11-2 に示す 4 つの原理に分けられる。このうち，ある行動をとった直後に何かが出現することで，将来的にその行動の頻度が増える原理を正の強化とよぶ。たとえば，部員がある行動（グラウンド整備を率先して行う）をとった直後に，指導者がその行動を褒めることで，将来的に同じ行動をとる頻度が増える場合がこれにあたる。それに対して，ある行動をとった直後に何かが消失することで，将来的にその行動の頻度が増える原理を負の強化とよぶ。指導者が怒鳴っている状況で，部員がある行動（グラウンド整備を率先して行う）をして指導者が怒鳴らなくなった結果，将来的に同じ場面で当該行動をとる頻度が増える場合がこれにあたる。図 11-2 に示す通り「弱化」にも同じように「正」と「負」がある。ここで「弱化」とよばれているものは「罰」とよばれることもある。特に運動部活動で用いられる体罰は，この 4 つの原理のうち，ある行動をとった直後に何かが出現することで将来的にその行動をとる頻度が減る正の弱化の原理に最も関連するとされている（日本行動分析学会，2015）。

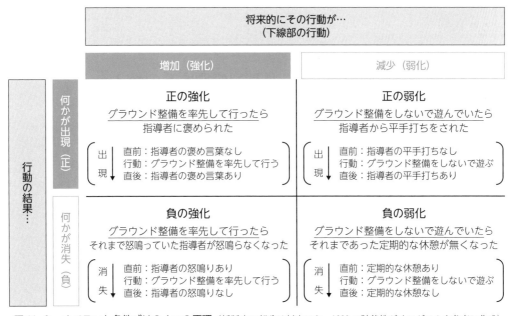

図 11-2　オペラント条件づけの 4 つの原理（括弧内の部分は杉山ほか，1998 の随伴性ダイアグラムを参考に作成）

（2）なぜ運動部活動で体罰が常態化するのか？

　指導者によって繰り返し体罰を用いたスポーツ指導が行われる背景について，グラウンド整備をしないで遊んでいる部員を目撃した指導者が平手打ちをした場面を例に考える。

　まず平手打ちを受けた部員側から考えると，再び指導者から平手打ちを受けたくないので，たったいま指摘された望ましくない行動（グラウンド整備をしないで遊ぶ）の頻度を減らす。これは先ほど説明したオペラント条件づけで考えると，部員は正の弱化を受けていると考えられる。一方，指導者側から考えると，部員の望ましくない行動が平手打ちをきっかけとして目に見える形で減ったように感じる。そのため，部員の行動を平手打ちで変化させようとする頻度が増える。これはオペラント条件づけで考えると指導者は負の強化を受けていると考えられる。

　本来，指導者のあるべき姿は学び手の望ましい行動が見られた際に褒めたり認めたりすることで，将来的にその行動の頻度を増やす正の強化の原理に基づいてスポーツ指導にあたることである。しかし，正の強化に基づいたスポーツ指導は目に見えるかたちで効果が得られるまでに時間がかかる。そのため，特に限られた時間内で成果をあげなければならない環境では，即時的な効果を実感できる体罰を用いやすいといえる（ただし，その効果は一時的であることは前節で述べた通りである）。さらに言えば，こういった体罰を用いたスポーツ指導を部員の保護者や学校の管理職が容認するのであれば，その指導者は正の強化を受けることになり，さらに体罰を用いてスポーツ指導にあたるようになるのである。

3．なぜ運動部活動で発生する体罰を容認するのか？

（1）体罰に対する容認的な態度

　運動部活動を含む学校教育の場面において体罰は禁止されている。しかし，運動部活動における体罰に着目した意識調査によれば，体罰に対して容認的な態度を示す者が一定数存在することが明らかになっている。たとえば，2013年に運動部員を対象として行われた朝日新聞（2013）の調査によれば，「指導者と選手の信頼関係があれば体罰はあっていいか」という質問に対して，およそ6割の運動部員が容認的な回答をしたと報告されている。この調査が実施された2013年は，スポーツ界での体罰問題がマスメディアを通じて繰り返し報道され，世間から大きな注目を集めていた時期である。このような

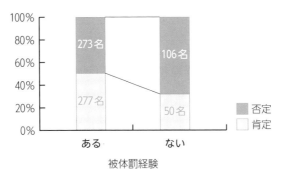

図 11- 3　体罰を受けた人の方が体罰を肯定しやすい
（楠本ほか，1998 の p.10，図 2 ）

時期にもかかわらず，体罰に対して容認的な態度を示す者が過半数存在していたという事実は，当時この問題がいかに根深いものだったのかを表している。

　運動部活動で発生する体罰に対して容認的な態度が形成される背景には，過去に自分自身も体罰を受けたことがあるといった被体罰経験が影響しているとの指摘がある。たとえば，体育専攻学生を対象に被体罰経験と体罰についての現在の考えを調査した結果（楠本ほか，1998）によれば，図 11- 3 に示す通り，過去に体罰を受けたことのある人々の方が体罰を受けたことの無い人々よりも，体罰に対して肯定的な態度を示す傾向が高かったことが報告されている。このような傾向は調査が行われた年代を問わず繰り返し認められている。

（2）体罰容認に至る心理メカニズム

　運動部活動で体罰を受けた人たちはなぜ禁止されているはずの体罰に対して容認的な態度を示すようになるのだろうか。この点については幾つかの説明が提示されている（たとえば，内田，2020）。

　そのうちの 1 つとして，被体罰経験のある人たちは体罰を受けた経験から競技力向上の手段として体罰には効果があることを学習，この実体験に基づく効果性の認識（体罰効果性認知）を根拠に容認的な態度を示すようになるとの説明がある（内田ほか，2020）。この説明では，本人が過去にパフォーマンスの改善や重要な競技大会で勝利を収めるなど，自分自身にとって望ましい結果が得られたときに，その原因を指導者による体罰を用いたスポーツ指導のおかげだと考えることを前提としている。先にも述べた通り，体罰には期待するような教育効果が認められないどころか，長期的には学び手に対して望ましくない影響を及ぼすことが指摘されている。しかし，過去を振り返ったときに「精神的に強くなった」や「技術が向上した」，「試合に勝てるようになった」など肯定的な

反応を示す被体罰経験者が一定数存在することが，全国大学体育連合（2014）が行った調査によって明らかにされている。

　以上の点を踏まえると，被体罰経験者の一部に（科学的には否定されているにもかかわらず）体罰を用いたスポーツ指導に教育的な効果を見出している人たちが実際に存在していることが窺える。パフォーマンスの改善や試合に勝てるようになったなどの望ましい結果は，指導者による体罰を用いたスポーツ指導のおかげだと考えるのはやや短絡的であるように思われる。なぜなら，望ましい結果が得られたのは指導者による体罰に耐えながらも必死に努力した自分自身にあると考えることも実際にはできるはずだからである。それにもかかわらず，望ましい結果が得られた際にその原因をもっぱら指導者による体罰を用いたスポーツ指導のおかげだと考えてきた人々が将来的に運動部活動での体罰を容認してしまうのである。

4．望ましいスポーツ指導を実践するには

　青少年のスポーツ環境が運動部活動を中心に行われる我が国では，どうしても中学校の３年間や高等学校の３年間といった限られた時間内で成果を出さなければならない。とりわけ熱心にスポーツに取り組む部員をたくさん抱える指導者であるほど，また優れた成果をあげることを部員の保護者や学校の管理職から期待されている指導者であるほど，時間的な制約が指導に対するプレッシャーとしてのしかかる。こういった環境で成果を急ぐあまりに体罰を用いたスポーツ指導をもし行ったならば，部員たちの将来に対して望ましくない影響を与えることを認識しておかなければならない。

　前節でも述べた通り，現世代で指導的立場にある人たちが体罰を用いたスポーツ指導を行ってしまうと，その指導を受けた一部の部員たちは体罰に教育的な効果があると錯誤してしまう。その結果，その部員たちが大人になったとき，体罰を用いたスポーツ指導を容認するようになる可能性が高まる。運動部活動での体罰を容認することと実際に体罰を用いてスポーツ指導にあたることには大きな隔たりがある。しかし，当人の体罰を用いたスポーツ指導に対する抵抗感を幾らか下げるわけであり，運動部活動の場面において体罰を用いたスポーツ指導を助長することに繋がる。

　望ましいスポーツ指導を実践するにあたっては，何より学び手の望ましくない行動ばかりに注意を向けないように普段から意識して指導にあたることが重要である。行動分析学を体系化したスキナーは，学校教育の場面を例に出しながら「教師は，生徒たちが

良くない行動をしているときでなく，良い行動をしているときにこそ注意を向けるべき」（スキナー，1990）と述べている。これは運動部活動の場面にもそのまま当てはまる。先にも述べた通り，指導者のあるべき姿は学び手の望ましい行動が見られた場合に褒めたり認めたりすることで将来的にその行動の頻度を増やす正の強化の原理に基づいたスポーツ指導を実践することである。学び手である部員たちが望ましい行動をしたにもかかわらず，それが当たり前かのように無反応でやり過ごすことは決してあってはならない。望ましい行動が見られた際は積極的に部員に働きかける指導者になれるよう意識してスポーツ指導にあたってほしい。

第 *12* 章　スポーツスキルの制御

1．運 動 制 御

　スキルとは，目標とする結果を得るために身体から生み出される技術や技能のことであり，スポーツにおいてその種類や数は無限といえる。このようなスキルが生み出されるには，空間のなかで身体を動かす動作（運動）の発現が大前提となる。そして動作は，脳，神経，筋などが機能することで生み出され，このようなスキルを生み出すための一連の身体機能を運動制御（motor control）という。

　運動制御は，スポーツ生理学，バイオメカニクス，神経科学などの様々な分野において研究の対象となっているが，スポーツ心理学においても１つの主要な研究領域に位置づけられる。スポーツスキルの発揮には，身体的要因だけではなく，知覚や認知，さらには感情などの心理的要因が介在する。このような心理的要因と身体的要因とのリンクという視点から，運動の制御と学習に関する理解を深められることが，スポーツ心理学の大きなメリットである。

2．スポーツスキルの分類と評価

（1）スポーツスキルの分類
1）知覚スキルと運動スキル
　知覚スキルとは，サッカーにおけるパスを出す位置の判断のように，動作を発現させる前もしくは動作中に，複数の選択肢のなかからとるべく行動を絞る認知的作業を指す。スポーツでは様々な知覚スキルが必要であり，いかに的確な運動スキルを発揮したとし

ても，その前段階で誤った知覚判断をしていれば，良い結果につながらないことも多々
起こり得る。一方の運動スキルは，目標とする結果に対しての動作や力の発揮といった
身体的要素が大きい。投げる，跳ぶ，走るといった体力テストにもあるような基礎運動
能力や，各々のスポーツ種目において必要とされる専門的な動作の全てが運動スキルに
該当する。

2）クローズドスキルとオープンスキル

　スポーツスキルを実施する際の環境の安定性からの分類法である。環境の安定性が高
く，環境の変化も予想しやすいなかで実施できるスキルをクローズドスキル（閉鎖スキ
ル）という。ウェイトリフティングや射撃などが代表例として挙げられる。一方，環境
の変化が大きく，その変化を予想しにくいスキルをオープンスキル（開放スキル）という。
対戦相手の存在する個人種目（ボクシングやテニス）や団体種目（バレーボールやサッカ
ー）などが代表例である。

3）分離スキル，連続スキル，系列スキル

　運動の連続性という観点からの分類法である。この分類法では，運動スキルが分離ス
キルと連続スキルの 2 つに分類される。分離スキルとは，動作の開始と終了がはっきり
としており，短時間に 1 つのことを実行するスキルである。離散スキルともよばれ，テ
ニスのサーブやゴルフのパッティングなどが例として挙げられる。

　連続スキルとは，長時間に渡って繰り返し遂行するスキルを指し，動作の開始と終了
が明確ではない。水泳や自転車こぎなどが例として挙げられる。系列スキルは，いくつか
の分離スキルが組み合わさり，それらのスキルを各々連続的に成功させることが求めら
れるスキルである。体操競技，陸上の棒高跳びや走り幅跳びなどが例として挙げられる。

（2）スポーツスキルの評価法

1）パフォーマンス

　パフォーマンスとは，知覚スキルや運動スキルを基に現れる結果を指し，数量化する
ことで客観的評価が可能になる。図 12- 1 では，ダーツ投げを例に，運動スキルとパフ
ォーマンスの違いが区別されている。ダーツでは，的に向けてできる限り正確に矢を投
じることを目標とするが，そのための手や腕の動作，発揮された力が運動スキルに該当
する。そして，的の中心に正確に矢を投じるという目標に対して，投じられた矢の速度

ダーツの放物運動

パフォーマンス（ダーツ競技で発揮された行動）
ダーツのスピード
ダーツボードの得点（アウトカム）ほか

スキル（ダーツ競技の能力）

図 12-1　ダーツ投げの運動スキルとパフォーマンス（石井ほか, 2012）

や角度，的に刺さった矢と目標点との距離などのように，動作を基に出現した結果をパフォーマンスという。

2）速さと正確性の関係

　スポーツでは，動作の速さと正確性の両方が求められるスキルが多々ある。たとえば野球のバッティングでは，バットをできる限り速く振る能力と，バットの芯に正確にボールを当てるという2つの能力が求められる。しかしながら，この2つの能力を揃って発揮させることは難しく，正確にボールを捉えようとするとスイング速度は遅くなり，逆にスイング速度を最大限にするとバットの芯にボールを当てる確率が低くなる。このように正確性が要求されると速度は低下し，速度が要求されると正確性が損なわれることを速度と正確性のトレードオフという。フィッツによってこの現象は数学公式で表されており，フィッツの法則ともよばれる。

3）試行間の変動性

　複数のプレーに渡っての動作やパフォーマンスのばらつき（一貫性，再現性）のことを変動性という。図 12-2 は，10 試行のボウリングの投動作におけるボールの位置の軌跡を表している。アベレージ 160 の中級者に比べてアベレージ 200 の熟練者は変動性が明らかに小さく，常に一貫したフォームで投げている。

　アスリートは，安定したパフォーマンスを発揮するために，一貫したフォームでプレーすること

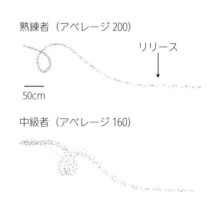

熟練者（アベレージ 200）

リリース

50cm

中級者（アベレージ 160）

図 12-2　ボウリング動作における変動性
（村瀬・宮下, 1973）

を求めるが，動作の変動性をゼロにすることは不可能である。しかしながら熟練者は，動作の変動性があるなかでも安定したパフォーマンスを発揮できることも明らかになっている。図12-3では，的の中心へのボール当て課題における動作の変動性とパフォーマンスの変動性の関係が示されている。図左では動作（リリース位置）の変動性と同じ分，パフォーマンス（的に当たったボールの位置）の変動性もばらついている。しかしながら図右では，図左に比べて動作の変動性は大きいなかで，パフォーマンスの変動性は小さくなっている。スポーツの熟練者は図右のようなことができる能力を有しており，図12-3を例にとると，リリース位置のずれを別の身体部位の動き（たとえば肘や肩の動き）で調節することで，パフォーマンスの変動性を小さくしている。このように身体の部位間で動作の誤差を調節し合い，安定したパフォーマンスを発揮することを補償という。

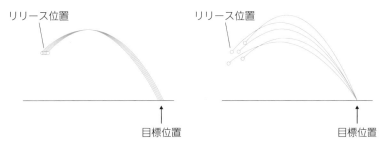

リリース位置　　　　　　　　　リリース位置

目標位置　　　　　　　　　目標位置

図12-3　ボール投げにおける動作とパフォーマンスの変動性（麓, 2006）

3．情報処理モデル

動作を発現させる脳機能や身体機能をコンピュータの情報処理機能に見立て，情報処理の段階を追って動作が発現するプロセスを説明したものがシュミットによる情報処理モデルである（図12-4）。「刺激同定」は，視覚，聴覚，運動感覚などの様々な感覚情報が入り込む段階である。次の「反応選択」では，どの動作を実施すべきかを決定する段階である。そして「反応プログラミング」の段階では，目標とする結果を得るための動作に関する詳細なプログラムが作成される。このような情報処理の3つの段階を経て，動作の「出力」に至る。

入力

刺激同定

反応選択

反応プログラミング

出力

図12-4　情報処理モデル
（シュミット, 1994）

4．単純反応と選択反応

（1）単純反応

　スポーツスキルの基となる動作は，脳活動や筋活動が生じることで発現する。そのプロセスを簡潔かつ分かりやすく表したイラストが図12-5である。刺激（電球の光が点く）が呈示された後にできる限り早く反応する（右手でボタンを押す）課題を単純反応課題といい，刺激が呈示されてからボタンが押されるまでの時間を反応時間（RT：reaction time）という。単純反応課題における反応時間は約 0.2 秒ほどであり，この時間内に以下の処理が順序立てて行われている。

　図12-5 を例にそのプロセスを説明する。電球の光刺激が目に入り，その信号が後頭部の視覚野に送られ，処理されることで「光った」と

図12-5　動作を発現させるプロセス
（麓, 2006）

いう判断になる。次に，前頭連合野に信号が送られ，ここでは右手でボタンを「押す」ためのプログラムが計画される。そして，計画されたプログラムが中央の運動野に送られ，ここから「筋収縮」を引き起こすための実行指令が出される。その信号が筋に届き，筋活動が生じるというプロセスを経ることでボタンが押される。

（2）選択反応

　上述の通り，１つの刺激に対して身体を反応させることを単純反応というが，スポーツでは複数の選択肢のなかからとるべき１つの行動を選択し，実行することを求められる場面も多い。このように選択肢とそれに対応する反応数が２つ以上になることを選択反応課題という。図12-6 に示したように，選択肢の数が多くなればなるほど，反応時間は遅くなる。この現象はヒックの法則（Hick's law）とよばれ，選択肢の数が増えるほど脳内での情報処理に時間がかかることを反映する。スポーツにおいてもプレーに対する選択肢が多くなるほど反応時間が遅れてしまう。

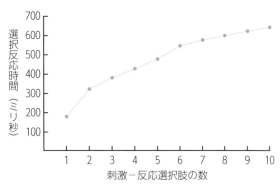

図12-6　ヒックの法則 (シュミット, 1994)

5．環 境 の 役 割

　動作を発現させる脳機能や身体機能をコンピュータの情報処理機能に見立てた情報処理モデルとは異なり，ギブソン（Gibson, J. J.）の提唱に端を発している生態心理学では，運動制御に関わる脳や脊髄の中枢神経系の機能は便宜上考慮せずに，環境から提供される情報（アフォーダンス：affordance）と身体の特性（エフェクティビティ：effectivity）の相互関係から動作が発現すると考えられている。アフォーダンスとエフェクティビティを基に，目標とするパフォーマンスに対して行動を実行できるか否かを判断することをアフォーダンス知覚という (麓, 2006)。

　このような環境に重きを置いた生態心理学からの運動制御の考え方は，スポーツスキルを学習する際に，環境をデザインすることの重要性を提案する。図12-7では，サッカーにおいてコートのサイズ（2/3の面積にする），ディフェンスできるエリア（タッチライン付近の両サイドはディフェンスできないフリーゾーンとする），ならびに選手の数（8対8）などの環境をデザインした練習方法が紹介されている。環境を変えることで発現する動作や行動も変わり，いままでにないプレーが生まれることや，新たな攻撃パターンが創造されることにつながる。

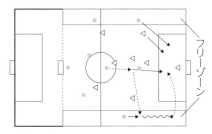

図12-7　サッカーの練習環境のデザイン (中込ほか, 2012)

6．スポーツスキルと知覚

（1）感覚と知覚

　スポーツ心理学では，環境を捉え，環境に解釈を加える機能として，感覚や知覚といった用語が使用される。明確な区別は難しいが，感覚とは，環境からの刺激が目や耳などの感覚器からの神経活動を通して脳に届くまでを指す。知覚とは，色や形などのように，脳に届いている感覚情報に意味や構造が加えられ，「見える」「聞こえる」のように主観的体験になることを指す。スポーツにおいて利用される感覚や知覚には，視覚，聴覚，体性感覚（筋感覚，皮膚感覚，固有受容感覚，運動感覚）などがある。

（2）視覚優位性

　日常生活における動作においても視覚の役割は重要であるが，さらに複雑な要素が多いスポーツスキルに関しては，なおさら視覚の役割は大きい。先述の通り，スポーツスキルを遂行する際には視覚，聴覚，運動感覚などの種々の知覚機能が働く。その際，視覚は他の知覚機能に比べて優位に働き，Pick et al. (1969) は運動感覚に対する視覚の影響は72％であり，逆に視覚に対する運動感覚の役割は16％と述べている。このようにスポーツを行うときに，複数の知覚機能のなかで視覚機能が優位に働くことを視覚優位性とよぶ。スポーツスキルを行う際には，複数の知覚機能があるなかで自然と視覚に頼ってしまうことを意味する。

（3）プレー中の視線行動

　スポーツ選手がプレー時にどこを見ているのかという疑問に対し，アイマークレコーダーを用いて視線行動の客観的な観察や評価を行うことが可能である。図12-8には，バスケットボールのフリースロー時の視線行動を示した。図左のA選手は，試合において82％のフリースローの成功率を誇る選手であり，図右のB選手の試合での成功率は65％である。フリースローを5試行実施する際の視線の位置が示されているが，成功率の高いA選手は常にリング中央に視線を置いている反面，成功率の低いB選手はリング，ボード，ネットなどの様々な位置に視線が移動している。A選手はフリースローの動作開始前からリング中央の1点に視線を置いており，このようにスポーツのプレー開始前に1点を注視し，この注視状態のなかでプレーを開始する視線行動をクアイエットアイ

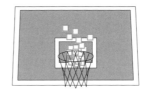

成功率の高いA選手　　　　　成功率の低いB選手

図 12- 8　バスケットボールのフリースローにおける視線行動
(Vickers, 2007)

(quiet eye) とよぶ。クアイエットアイの適切な時間は種目によって異なるが、クローズドスキルとオープンスキルを問わず様々なスポーツ種目において、熟練者はクアイエットアイの時間が長いことや、失敗試行では成功試行に比べてクアイエットアイの時間が短いことが確認されている (Vickers, 2007)。

（4）中心視と周辺視

　人の有する視覚には中心視と周辺視の 2 つシステムが存在し、スポーツスキルにおいても 2 つのシステムが利用されている。それぞれのシステムの機能特性は異なっており、図 12- 9 にはその違いをまとめた。中心視では意識的に対象物を注視しているのに対して、周辺視では対象物に視線が置かれているという解釈をし、視線が便宜的に置かれている位置を視支点（visual pivot）という。この視支点への視線配置に対する自覚は無意識的である。また、中心視と周辺視の脳内の処理プロセスも異なっており、中心視では視覚野から側頭野に信号が伝達（腹側経路）された後に動作実行に至るが、周辺視では視覚野から頭頂野に信号が伝達（背側経路）され、動作が実行される。腹側経路と背側経路における信号の伝達時間の違いから、周辺視を利用した運動は中心視に比べて動作の出力に至るまでの反応速度が速い。

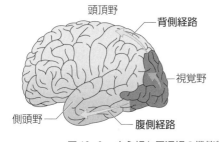

	中心視	周辺視
大脳皮質の経路	腹側経路	背側経路
主な処理領域	側頭野	頭頂野
反応速度	遅い	速い
自覚	意識的	無意識的

図 12- 9　中心視と周辺視の機能特性 (山崎，2012，Trachtman & Kluka, 1993)

（5）予測と意思決定

　状況判断とは，「ゲームの中で，遂行するプレーに関する決定を行うこと」と定義されている（中川，1984a）。また，相手選手やボールに対応する際に起こり得ることを事前に想定し，その準備に関わる知覚情報処理を予測という（日本スポーツ心理学会，2008）。スポーツにおける状況判断と予測の明確な区分は難しいが，ともにスポーツにおける高いパフォーマンスの発揮に対して必要な知覚スキルである。

　また，スポーツにおいては正確かつ早い意思決定も求められる。バスケットボールにおいてパス，シュート，ドリブルのいずれかのプレーを瞬時に選択することがその例である。そして，野球の打撃においてバットを振る or 振らないの選択のように，行為をするかしないかの意思決定をゴーノーゴー（go/nogo）課題という。リスクを冒してでも攻める（リスクテイク）やリスクを冒さずに守りに徹する（リスク回避）ように，リスクテイクやリスク回避の心理やそれに伴う行為の選択もスポーツにおける意思決定の一部である。

第 *13* 章　スポーツスキルの学習

【学習目標】
① 運動学習の基礎理論を学ぶことで，スポーツのスキルが学習されるプロセスを
　理解する。
② フィードバックの利用，練習計画，知覚スキルの学習などの観点から，スポー
　ツスキルの効果的な学習方法を学び，実践できるようになる。

1．運 動 学 習

　一流のアスリートのスキルは，熟練，巧み，精密，強靱などの言葉が代名詞にもなるように，多大な練習によって作り上げられた芸術品とも捉えることができる。しかしながら，このようなスキルを生まれながらにして発揮できる人はどこにもおらず，何年もの時間を経てスキルは磨かれていく。このように時間の経過とともにスポーツスキルが習熟されていくプロセスを運動学習（motor learning：モーターラーニング）といい，「経験の蓄積による比較的永続した動作遂行の変化」と定義されている（日本スポーツ心理学会，2008）。

　スポーツも含めて様々な分野で優れたパフォーマンスを発揮する人をエキスパートといい，そこに至るまでのプロセスを熟達化という。Ericsson et al. (1993) によれば，エキスパートに至るまでには 10 年以上かつ 10,000 時間以上の熟慮された練習（deliberate practice）を要することが明らかにされている。

2．運動学習の基礎理論

　スポーツスキルの学習とは，目標とするパフォーマンスに対してできなかったことができるようになり，それが数日経っても，さらには数年経ってもでき続け（保持），環境や条件が変わってもできることである（転移）。また逆に，昨日はできていたことが，今日はできなくなっていることもある（忘却）。このような学習のプロセスを説明する諸

理論を以下に紹介する。

（1）閉回路理論

　スポーツスキルの学習はミスやエラーの原因を模索し，その原因を基に動作や行動を修正しながらスキルを獲得していくプロセスを踏む。図13-1には，シュミットによる情報処理モデルを閉回路理論（closed loop theory）に拡大したモデルを示した。この理論では，筋，運動（動作），環境からのフィードバック情報がキーとなる。フィードバックとは，スポーツスキルを遂行するときの動作やパフォーマンスの目標値と実際に出現した動作やパフォーマンスの結果の差から算出されるエラー値の情報である。

　テニスのサーブを例に，この閉回路理論でスポーツスキルの学習を考えてみたい。テニスのサーブでは相手コートにボールをインさせることが最低限の目標となる。サーブを打つ際にト

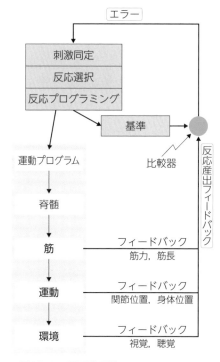

図13-1　閉回路理論（シュミット，1994）

スしたボールの位置が予想より前にずれてしまった場合，ずれたボールの位置を視覚によるフィードバック情報を基に正確に捉え，動作中の腕やラケットの位置ならびに力の入れ具合といった運動感覚や筋感覚からのフィードバック情報も利用し，フォームや力の微調整を瞬時に行う。それにより，ずれたボールをラケットの中央で打つことができ，その結果相手コートにボールがインする。このように環境と身体からのフィードバック情報を脳内で処理し，目標とするパフォーマンスに対する誤差情報から筋活動や動作が修正されることをフィードバック制御という。このフィードバック制御が精密なものとなり，スポーツスキルが向上していく学習プロセスが閉回路理論から説明できる。

（2）開回路制御

　閉回路理論の問題点としては，ボクシングのパンチのように，非常に短い時間内で実施されるスキルに対しては，フィードバック制御を働かせるための時間が追い付かず，このようなスキルの学習を説明できないことにある。このようなスポーツスキルの学習

は，開回路制御（open loop control）で説明できる。フィードバック制御に対して，フィードフォワード制御ともよばれる。開回路制御では，環境や身体からのフィードバック情報がないため，第12章で解説した情報処理モデル内の3つのプロセス（刺激同定，反応選択，反応プログラミング）から生じる運動プログラムを，目標とするパフォーマンスに一致するように練習を重ねるなかで作り変え，動作を開始する前段階において最適なプログラムを実行するという学習プロセスを踏む。

　時間的に余裕のあるスポーツスキルに関しても，フィードフォワード制御は必要不可欠であり，前の試行におけるエラーやミスの原因を探索し，次の試行において目標とするパフォーマンスを発揮するために運動プログラムの修正を行う。したがって次の試行では，修正された新たな運動プログラムを基に動作が実行される。つまり，多くのスポーツスキルでは，フィードバック制御とフィードフォワード制御の両システムが機能することによって運動学習が成立する。

（3）スキーマ理論

　フィードバック制御やフィードフォワード制御では，スポーツスキルの学習に伴って運動プログラムが最適なものに作り変えられていくことが重要となる。しかしながら無限ともいえるスポーツスキルに対応する無限の運動プログラムを作り出し，さらには脳や身体にそれらの全プログラムの貯蔵が可能なのかという疑問が生じる。この疑問を解決したのが，シュミットによるスキーマ理論（schema theory）である。

　スキーマ理論を基に，的確な距離にボールを投げることを目標とするスキルの学習を説明しているのが図13-2である。フィードバック制御やフィードフォワード制御では，5ｍ，10m，20mなどの様々な距離に対応した運動プログラムをそれぞれ学習すると考

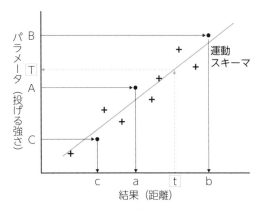

図13-2　スキーマ理論（杉原ほか，2000）

えるが，スキーマ理論では，投げる強さ（パラメータ）によって出力されるボールの距離（結果）の関数関係（運動スキーマ）を1つの運動プログラムとして学習すると考える。この運動スキーマを基に，パラメータを調節することで様々な距離を的確に投げ分けることが可能になり，スキーマ理論で運動学習を捉えると，フィードバック制御やフィードフォワード制御に比べて学習する運動プログラムの数が一気に少なくなる。パラメータと結果の関数関係を表す運動プログラムを一般運動プログラム（generalized motor program）という。

3．フィードバックの利用

（1）フィードバックの分類

　表13-1にはフィードバックの分類がまとめられている。情報源からの分類では，視覚，聴覚，筋感覚などの感覚によって得られる身体内からの情報の内在的フィードバックと，指導者の言葉やビデオ映像などを通して身体外から得られる情報の外在的フィードバックがある。フィードバック情報を産出する媒体としては，言葉は言語フィードバックに分類され，ビデオ映像は非言語フィードバックに分類される。

　フィードバックの内容は，パフォーマンスの結果を表すKR（結果の知識：Knowledge of Results）と動作の質を表すKP（パフォーマンスの知識：Knowledge of Performance）に分けられる。陸上の100m走を例に考えると，100m走のタイムがKRであり，走っているときのフォームがKPである。これらのフィードバックを与えるタイミングとして

表 13-1　フィードバックの分類（日本スポーツ心理学会，2008）

分類の基準	名　称
情報源	内在 FB，外在 FB／付加 FB
内　容	結果の知識，パフォーマンスの知識，バイオ FB（筋電図バイオ FB など）
媒　体	言語 FB（記述 FB，指示 FB／命令 FB／処方 FB），非言語 FB／視空間 FB（ビデオ FB，キネマティック FB）
タイミング	同時 FB，終末 FB／最終 FB（即時 FB，遅延 FB，試行遅延 FB）
頻　度	漸減 FB，要約 FB／一括 FB，平均 FB，累積 FB，個別 FB
精　度	質的 FB，量的 FB，帯域幅 FB，誤情報 FB

は，スポーツスキルを遂行している最中に与える同時フィードバックと，スキル遂行終了後に与えられる終末フィードバックに分類される。終末フィードバックは，スキル終了後からフィードバックが与えられるまでの時間間隔から，即時フィードバックと遅延フィードバックにさらに分けられる。その他にも，フィードバックを与える頻度や，与える情報の精度からの分類がある。

（2）フィードバックの頻度とタイミング

　アスリートはできる限り多い頻度で，さらには結果が得られた直後にフィードバックを得たいと感じる。また指導者も，高頻度かつ早いタイミングで選手に対してフィードバックを与えたいという欲求に駆られる。多数の選手を指導する際には手が回らないということもあるが，マンツーマン指導のような場面では，高頻度かつ早いタイミングでフィードバックを与える光景をよく見かける。しかしながらこのようなフィードバックの与え方は，フィードバックがない状況においてパフォーマンスの低下が生じることが多くの研究から明らかになっている。

　高頻度かつ即時のフィードバックが運動学習の保持効果を低減させる理由は，練習時にはエラーの修正に対して外在的フィードバックの利用に頼りすぎるため，外在的フィードバックがない状況では練習時のようなエラーの修正ができないためと考えられている。このように外在的フィードバックに依存性を高めることが原因であることをガイダンス仮説という。試合場面のように外在的フィードバックを得にくい状況では，内在的フィードバックに頼ったエラーの修正をせざるを得ないため，アスリートや指導者は練習時に内在的フィードバックを利用する工夫をしなければならない。

（3）言語フィードバックにおける適切な情報量

　手取り足取りとよばれる図13-3のようなスポーツスキルの指導では，短時間で多くの技術に関する言語フィードバックが与えられる。選手としては情報量の多さに混乱し，いくら練習を繰り返しても目標とするパフォーマンスを発揮できない。優れた指導者は，選手が修正すべきポイントを的確かつ端的な言葉で表現できる能力に長けている。

図13-3　多すぎる言語フィードバックの弊害

（4）ビデオフィードバックの有効利用

　小型ノートパソコン，タブレット端末，スマートフォンなどの IT 機器の急速な発展に伴い，これらの機器を利用し，KP や KR の情報をビデオフィードバックとして手軽にかつ迅速に得ることができる時代になっている。ビデオフィードバックの運動学習に関する効果は多くの研究で明らかになっており，練習場面においてビデオフィードバックを有効に利用することが勧められる。

4．効果的な練習計画

（1）全習法と分習法

　スポーツスキルの練習において，そのスキルを 1 つのまとまりとして練習する方法が全習法であり，そのスキルを部分的に切り分けて練習する方法が分習法である。野球の投球を例に考えると，足の移動，腕の振り，リリース時の指先の動きなどを分けて練習することが分習法であり，これらをまとめた全身での投球動作の練習が全習法である。分習法のメリットとしては，複雑で難易度の高いスキルを習得する場合に，スキルを部分的に分けることで分かりやすく学習ができ，各部分の学習の積み上げ方式で全身動作を学習できるという点にある。さらに，難易度の高いスキルを学習するにあたって，モチベーションの低下を防ぐことや，疲労の蓄積を低減させるなどの，心理的および生理的な効果もある。しかしながら，全身動作は各部位間の協調性（コーディネーション）が重要であるため，協調性を磨くことに分習法は向いていないというデメリットも有する。

（2）多様性練習

　前述のスキーマ理論では，パラメータによって出力される結果の関数関係を 1 つの運動プログラムとして学習することを基本としている。このスキーマ理論から考えると，あるスポーツスキルを学習する際に，パラメータと結果について精度の高い関数関係を把握するためには，複数のパラメータに対応した練習が必要である。このように，多くのパラメータに対して練習を行うことを多様性練習という。

　図 13-4 は，基準となる握力を発揮する課題において多様性練習の効果を示した実験結果である。練習時に基準となる力を発揮する 100 試行に加えて，その他の力を発揮することも 240 試行（4 種類×60 試行）実施した多様性練習群は，基準値のみを 100 試行もしくは 340 試行練習した他の 3 群よりも，翌日の保持テストにおいてエラーが小さい。

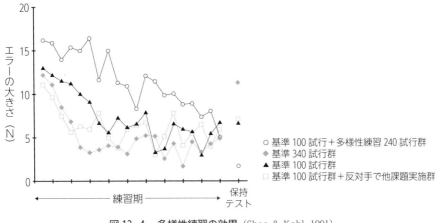

図 13- 4　多様性練習の効果 (Shea & Kohl, 1991)

このように，複数のパラメータの練習を行う多様性練習は正確な運動スキーマを構築することにつながり，スポーツスキルの学習に対して有効である。

（3）ランダム練習とブロック練習

　多様性練習は１つのスキルに対する練習のバリエーションであるが，練習時間内に複数のスキルを練習する場合に，どのような順序で練習メニューを組むことがスキルの学習に効果的であるかという疑問も出てくる。たとえばバレーボールの練習において，サーブ，アタック，レシーブの３つのスキルを練習する際に，サーブの練習を一通り行ってから，続いてアタックを一通り練習し，最後にレシーブをまとめて練習するという方法がブロック練習である。一方のランダム練習は，サーブ，アタック，レシーブの練習を短時間で切り替えながら複数回繰り返す方法を指す。

　図 13- 5 では，ブロック練習とランダム練習が保持テストや転移テストのパフォーマンスに及ぼす影響の典型例を示している。練習期にはランダム練習に比べてブロック練習の方が学習の進行が速いが，保持テストや転移テストでは逆転してランダム練習の方が高いパフォーマンスを発揮する。この現象は文脈干渉効果とよばれ，ランダム練習では次々と異なるスキルを練習するために，スキルに関する記憶の忘却が大きく，次にそのスキルを遂行するときに再度記憶を構成する必要があり，これを繰り返すことで強固な記憶が形成されるためと考えられている（忘却再構成仮説）。その他にも，ランダム練習の方が動きの違いなどのスキル間の質的な違いを明確に把握できるようになり，このようなスキルの対比から精密な記憶が構築されることも理由と考えられている（精緻化仮説）。

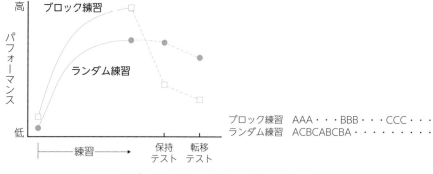

ブロック練習　AAA・・・BBB・・・CCC・・・
ランダム練習　ACBCABCBA・・・・・・・・・

図 13-5　ブロック練習とランダム練習 (新畑・関矢, 1997)

5．知覚スキルの学習

（1）クアイエットアイ・トレーニング

第 12 章においてスポーツスキルの
熟練者が有する適切な視線行動として
クアイエットアイが解説されているが，
運動スキルの練習時に，適切な視線行
動を作り出すための練習をクアイエッ
トアイ・トレーニングという。表 13-
2 には，ゴルフパッティングの練習に

表 13-2　ゴルフパッティングにおけるクアイエットアイ・トレーニング (Vine & Wilson, 2010)

1．スタンスをとり，視線をボールの後ろに置く。
2．その後にカップを見つめる（3 回以上カップを見つめてはいけない）。
3．もう一度ボールの後ろに視線を戻し，パッティング動作を開始する前に視線を 2〜3 秒間固定する。
4．パッティング動作中にパターを見ないようにする。
5．ボールを打った後も，グリーン上に 0.2〜0.3 秒間視線を残す。

においてクアイエットアイを作り出すための 5 つのポイントが示されている。これらのポイントを意識して練習に取り組むことで，ゴルフパッティングにおけるクアイエットアイが形成され，保持テストやプレッシャー状況での転移テストにおいて高いパフォーマンスが発揮されることが示されている。

（2）知覚トレーニング

相手選手や試合の映像を利用し，予測や状況判断の能力を強化する知覚トレーニングの実施も，知覚スキルの学習につながる。図 13-6 に示した野球の打撃を想定した実験では，打者がディスプレイに呈示された投手の投球映像を見ながら，繰り返し球種やコースを予測反応する知覚トレーニングを行うことで，知覚スキルが向上することが実証されている。この研究のさらに興味深い結果は，相手投手の投球動作のクセともいえる予測手がかりのアドバイスを受けながら知覚トレーニングを行った群において反応時間

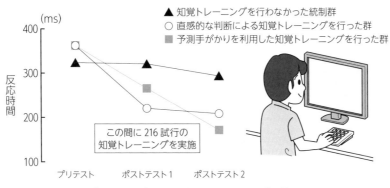

図 13-6　野球のバッティングにおける知覚トレーニングの効果（田中・関矢，2010）

の短縮が見られたが，予測手がかりのアドバイスはなく，直感的に予測反応するように
促した群においても反応時間の短縮が生じている。これらの研究結果から，知覚スキル
の学習に，脳や身体の直感に基づいた，すなわち，無意識的な情報処理過程を利用する
ことの有効性が示唆される。

　ところで，知覚トレーニングによる知覚スキルの向上が，実際の動作遂行を伴う場面
での運動スキルに対しても有効であるかという疑問が生じる。図 13-7 には，野球の打
者が投球の球種，コース，ボールを打つタイミングに対する知覚トレーニングによって
知覚スキルの向上を獲得した後に，実打テストを行うことで運動スキルへの転移効果を
調べた実験結果を示した。知覚トレーニングを実施した群はトレーニングを実施してい
ない統制群に比べて，トレーニング前のプリテストからトレーニング後のポストテスト

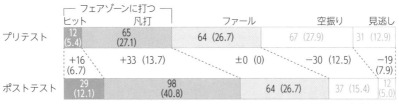

図 13-7　知覚トレーニングによる運動スキルの向上（中本ほか，2005）

にかけてフェアゾーンに打つ割合やヒットの割合の増加率が大きい。このように知覚トレーニングによる知覚スキルの向上は，実際の動作遂行を伴う運動スキルに対しても有益である。さらに知覚トレーニングは，悪天候，ケガ，練習相手の不足などの理由で練習に取り組めないときにも実施できる。また，空間的に制限された場所でも取り組めることや，過剰練習による身体疲労を軽減できるなどのメリットも提言されている（田中ほか，2013）。

６．模擬環境での練習

（１）シミュレーターの利用

　スポーツスキルの練習は，グラウンドや体育館などの実環境だけではなく，実環境での練習に類似した環境を人工的に作り出し，そのなかで練習に取り組むことも可能である。このような模擬環境を作り出すための機材をシミュレーターといい，さらには模擬環境内での練習をシミュレーションという。知覚トレーニングもその一例であるが，人工芝で作られたゴルフパッティングの練習マットや，野球のピッチングマシンなども，よく使われているシミュレーターの例である。シミュレーターの利用は，チームメイトや対戦相手といった人の数，さらには費用，天候，移動手段，危険性などの理由で，実環境での実施に困難の多いスキルの練習に有効な方法である。しかしながら，模擬環境における練習が実環境のパフォーマンスに効果的に転移するかについて十分に考慮しなければならない。

（２）バーチャルリアリティー

　IT の発展に伴い，コンピュータグラフィックス映像（CG：computer graphics）を利用し，スポーツの練習に導入することも可能になっている。スクリーン上に映し出されたゴルフコースに対してプレーを行うインドアゴルフの普及がその例であり，スポーツに関するテレビゲームも従来のコントローラ上でのボタン押しだけではなく，スポーツスキルに類似した動作を伴いながらゲームを楽しめるようになっている。CG は先述のシミュレーターの１つといえるが，CG によって作り出された模擬環境はバーチャル環境（VE：virtual environment）やバーチャルリアリティー環境（VR：virtual reality）とよばれる。スポーツスキルの練習に対するバーチャル環境の構築は開発途上にあるが，スポーツの練習においても利用される時代になってきている。

第14章 運動とメンタルヘルス

何となくイライラや不安を感じるときに，私たちは「ストレスがある」と表現することがある。ストレスという言葉は日常用語として使われているが，イライラや不安を生じさせる出来事のことを指したり，ときにはイライラや不安を感じている状態のことを指したりする。イライラや不安などの心身の不調は長期間持続すると様々な障害をもたらす。したがって，日常生活においてストレスと上手に付き合っていくことが健康的な生活を送っていく際に重要になる。

1．ストレス発生のプロセス

私たちは，「今日は何となくイライラする」という心身の不調に気づくことはできても，このイライラがなぜ生じているのかを理解し，コントロールすることは容易ではない。ストレスという概念を理解するということは，このような心身の不調が生じるプロセスを理解することにつながる。ここでは，嶋田・鈴木 (2004) を参考にストレス発生のプロセスについて解説する。

ストレスは図 14-1 に示すようにいくつかの段階からなるプロセスとして理解することができる。このプロセスは，きっかけとなる出来事，考え方の特徴，対処の仕方，周囲のサポートなどが関係している。この図のなかで，ストレスを生じさせるきっかけとなる出来事や刺激は，ストレッサーとよばれている。一方，ストレッサーによって生じる心身の変化はストレス反応とよばれている。また，ストレス反応表出の個人差に影響を及ぼす要因としては，個人の考え方（認知），対処の仕方（コーピング），周囲のサポート（ソーシャルサポート）などがある。これらの各要素を把握し，自分の現状と関連づけて理解することで，自らのストレスを上手にコントロールする能力を向上させることが

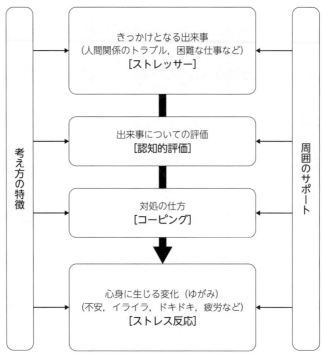

図14-1　ストレス発生のプロセス（嶋田・鈴木, 2004）

可能になる。

　ストレスを生じさせるきっかけとなる出来事や刺激であるストレッサーは，大きく2つに分類される。1つは，災害や家族との死別，離婚などの生活上の出来事であり，ライフイベント（Life events）とよばれている。もう1つは，人間関係や通勤，騒音などの日々の生活で繰り返し経験するいらだち事であり，日常いらだち事（Daily hassles）とよばれている。

　Holmes & Rahe (1967) は，ライフイベントが心身に及ぼす影響を検討し，社会的再適応評定尺度とよばれるストレス尺度を作成した。彼らは，5,000人以上を対象に，発病に先行して経験したライフイベントを調査し，ストレス関連疾患の発症に影響するストレス度を標準化した（表14-1）。この表は，各ライフイベントを経験した際に，再適応するまでに必要な労力をストレス度（Life change unit sore：LCU 得点）として示している。過去1年間に経験したライフイベントのLCU得点を合計して，得点が150～199点ならストレス関連疾患の発症率は37％，200～299点ならストレス関連疾患の発症率は51％，300点以上ならストレス関連疾患の発症率は79％の確率で生じるとしている。

　これに対して Lazarus & Folkman (1984) は，日常生活のなかで頻繁に経験する小さなストレッサーである日常いらだち事に注目し，トランスアクショナルモデルを提唱し

表14-1　社会的再適応評価尺度（山口，2012）

出来事	LCU	出来事	LCU
1. 配偶者の死	100	23. 息子・娘が家を離れる	29
2. 離婚	73	24. 義理の親族とのトラブル	29
3. 夫婦の別居	65	25. 個人的な成功	28
4. 刑務所入り	63	26. 妻の就職または離職	26
5. 近親者の死	63	27. 就学または卒業（退学）	26
6. ケガや病気	53	28. 生活条件の変化	25
7. 結婚	50	29. 個人的な習慣の変化	24
8. 解雇	47	30. 上司とのトラブル	23
9. 夫婦の和解	45	31. 仕事の時間や条件の変化	20
10. 退職	45	32. 転居	20
11. 家族の健康上の変化	44	33. 転校	20
12. 妊娠	40	34. レクレーションの変化	19
13. 性的困難さ	39	35. 教会活動の変化	19
14. 新家族メンバーの増加	39	36. 社会活動の変化	18
15. 職業上の再適応	39	37. 一万ドル以下の借金	17
16. 経済状態の変化	38	38. 睡眠習慣の変化	16
17. 親友の死	37	39. 団らんする家族数の変化	15
18. 転勤・配置換え	36	40. 食事習慣の変化	15
19. 夫婦の口論回数の変化	35	41. （長期）休暇	13
20. 一万ドル以上の借金	31	42. クリスマス	12
21. 抵当・ローンの損失	30	43. ささいな法律違反	11
22. 仕事上の責任の変化	29		

ている。ここでは，煙山（2023）を参考にストレス発生のプロセスについて解説する。

　トランスアクショナルモデルでは，ストレスを一連のプロセスとして示している。このモデルでは，ストレッサーに直面した際，ストレッサーに対する個人の意味づけ（認知的評価）とストレッサーに対する対処行動（コーピング）がストレス反応の表出に関連すると説明されている。

　私たちは同じストレッサーを経験したとしても，そのストレッサーに対する意味づけは人によって異なる。ラザルスたちはストレッサーに対する個人の意味づけである認知的評価を，一次的評価と二次的評価に分類している。一次的評価とは，ストレッサーが自分にとってどのくらい脅威であるか，自分にとってどの程度重要であるかを評価することである。次に，二次的評価とは，自分がどの程度その状況をコントロールできると思うかを評価することである。これらの認知的評価の個人差によってストレス反応の表出が大きく異なることが明らかになっている。

　私たちはストレスを感じる場面に直面した際，どのように対処するかは経験的に知っている。しかしながら，いつもの対処法で上手に対処できなかった場合，より強いストレスを感じたり，ストレスが持続したりする。ストレッサーに対する対処行動はコーピ

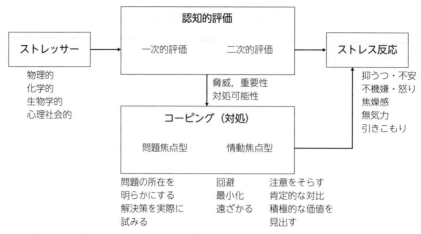

図14-2　トランスアクショナルモデル (Lazarus & Folkman, 1984, 煙山, 2023)

ングとよばれ，問題焦点型コーピングと情動焦点型コーピングに大別される。問題焦点型コーピングは，情報を収集して問題の所在を明らかにし，問題そのものを解決しようとする対処行動である（山中・冨永，2000）。一方，情動焦点型コーピングは，直面している問題にとらわれないように，気晴らしをしたり，問題から一時的に避難したりして，ネガティブな情動状態を軽減しようとする対処行動である。一般的に，情報を収集することや計画を立てることなど問題焦点型コーピングが対処行動として有効であることが知られている。しかしながら，コントロールすることが困難と予測されるストレス状況においては，気分の調整に焦点をあてる情動焦点型コーピングが有効であることが明らかになっている。したがって，自分の置かれた状況に応じて適切と判断したコーピングを選択し，その結果，成功体験を積み重ねながら，活用できるコーピングの選択肢を増やすことがストレスマネジメント能力の向上において重要になってくる。

2．ストレスマネジメント

　ストレスマネジメントという用語は，ストレスを軽減するための対応策と具体的介入という意味で使用されることが多いが，予防措置としての意味もある（山中・冨永，2000）。よって，ストレスマネジメントは，トランスアクショナルモデルなどのストレスの仕組みを学び，ストレッサーに対して柔軟に評価，対処できる方法やストレス反応を軽減する方法を習得し，それらの方法を具体的に実践できるようにする取り組みである（煙山，2023）。ここでは，嶋田・鈴木（2004）を参考に，ストレスマネジメントにおける介入技法について解説する。

（1）環境への介入

　環境への介入は，その人が置かれている環境内にあるストレッサーを軽減，除去するとともに，ストレス反応に対する支援体制を整備することである。たとえば，職場の人間関係がストレッサーになっている会社員への介入方法として，部署の配置転換やリモートワークの許可などが行われる。また，人的要素への介入としては，管理職への指導や研修会の開催などが行われる。しかしながら，環境への介入は容易でない場合が多いことから，ストレスマネジメント・プログラムは個人を対象にしたものが中心となっている。

（2）考え方への介入（認知的評価への介入）

　考え方への介入は，ストレッサーとなる出来事に対するネガティブなとらえ方や自分に対する否定的な考え方，不合理な信念などの変容を目指す介入である。たとえば，自分の思考や行動を自己観察するセルフモニタリングを用いて，自分の考えの特徴を明らかにし，状況に即した柔軟な考え方を探す練習をする。否定的な考えが浮かんできたら，エスカレートしないように一旦思考を停止する方法を身につける（思考中断法）。柔軟な考え方を自分に言い聞かせる（自己教示法）などがあてはまる。

（3）対処行動への介入（コーピングへの介入）

　対処行動への介入は，問題を解決するための方法を探したり，不快な気分を調整する

環境への介入

- ストレッサーの軽減・除去
- 組織的取り組み
- 上司への指導
- サポート体制の構築
- 環境改善・整備
- 教師との連携

個人への介入

考え方への介入	コーピングへの介入	ストレス反応への介入
・思考のセルフ・モニタリング ・思考中断法 ・自己教示法 ・認知再体制化 ・サポート期待の増大 ・セルフエフィカシーの向上	・対処レパートリーの拡充 ・コーピングの使い方の再検討 ・行動リハーサル ・社会的スキル訓練 ・対処の効果に関する 　セルフ・モニタリング	・リラクセーション 　自律訓練法 　呼吸法 　漸進的筋弛緩法 ・バイオフィードバック療法 ・系統的脱感作法

図 14-3　ストレスマネジメントにおける介入技法（嶋田・鈴木, 2004）

方法を試してみるなどストレス場面で必要とされる様々な方法を学び，身につけるための介入である。学んだ対処行動を上手に実践できるようになるため，リハーサルを行ったり，どのような場面で有効な対処行動なのか考えたりすることでうまく活用できるようになることを目指す。

（4）ストレス反応への介入

　ストレス反応への介入は，表出したストレス反応を自分で緩和するための方法を身につけることを目指す。リラクセーション技法は様々なものがあるが，詳しくは，第6章を参照していただきたい。

3．運動が果たすメンタルヘルスへの効果

　運動が果たす心理的効果について，International Society of Sport Psychology (1992) は以下のステートメントを出している。
　① 運動は，状態不安を低減させる
　② 運動は，軽度から中等度の抑うつレベルを低減させる
　③ 長期的な運動は，神経症や不安症を低減させる
　④ 運動は，重度の抑うつ症の専門的治療の補助になりうる
　⑤ 運動は，様々なストレス指標を低減させる
　⑥ 運動は，年齢や性別を問わず，感情面に良い影響を与える

　また，アメリカスポーツ医学会や世界保健機関（WHO）のステートメントにおいても，同様である。

　竹中 (2003) は，ラザルスたちのトランスアクショナルモデルから運動のストレス対処の役割を提案している。まず，認知的評価に働きかける運動の役割として，セルフエフィカシーの増強をあげている。セルフエフィカシーとは，ある具体的な状況で，ある課題に対して適切な行動を成功裡に遂行できるという予測および確信のことである。運動実施を通じたセルフエフィカシーの増強によって，ストレスのコントロールの可能性を高めることが可能になる。次に，対処資源を強化する運動の役割がある。運動実施による体力の増強は，ストレス耐性を高めることが示唆されている。たとえば，ストレス

が低い場合は，体力による疾病罹患の差はなかったが，ストレスが高い場合には，体力の違いが疾病罹患に影響していることが明らかになっている。このように運動による体力の増強が，ストレスが高い状況下に置かれた際に，特異的に効果を発揮し，ストレスの影響に対する緩衝作用としての役割を果たしている。

　運動が果たすストレス対処の効果に関して，次の4つの共通項が提案されている（竹中，2003）。

① スピードや重量などの物理的な運動強度の影響は少ない

② 最大酸素摂取量や心拍数で測定されるような生理的強度の影響は少ない

③ 物理的，生理的運動強度に対する主観的な努力の程度（たとえば，主観的な運動強度）の影響は少ない

④ そのときに行っている運動負荷を，どう感じているかに注意を向け，その内容を肯定的に認知すると効果が大きい

　すなわち，運動によって心理学的な恩恵を得るためには，「今行っていることをどう感じているか」という評価が肯定的であるかどうかが重要なポイントとなる。

　それではどのような運動実践方法がメンタルヘルスを改善させるのであろうか。橋本・斉藤（2015）は，その方法として，快適自己ペースを提唱している。快適自己ペースとは「自己選択・自己決定型の主観的な運動強度」である。快適自己ペースを用いたランニングを快適自己ペース走，快適自己ペースを用いたウォーキングを快適自己ペース歩行とよんでいる。快適自己ペースは個々人の体力を基準とした相対的運動強度による効果を重視する運動処方とは異なり，運動実践者の意思や感情を重視し，運動の継続化を考慮に入れた運動強度の設定法である。したがって，運動実践者の日々の体調や運動中の心理状態に応じて，自由に運動強度を設定，変更できる点が特徴といえる。快適自己ペースの設定は，「心と身体と相談しながら快適と感じるスピードを探してください。しかし，ここでいう快適というのは，不快を感じないという意味です」という言語教示を用いる。普段運動している人は，比較的容易に快適自己ペースの設定が可能であるが，運動初心者は快適自己ペースを設定するまで数回の試行が必要になる場合がある。橋本らの研究では，快適自己ペース走のメンタルヘルスへの効果を検証している。その結果，快感情や満足感，リラックス感の有意な増加がみられた。このように快適自己ペースによる運動は，運動実施のポジティブな感情の低下がなく，メンタルヘルスを向上させる可能性がある。

第 **15** 章　身体活動・運動の行動変容

【学習目標】
① 身体活動・運動の支援に用いる理論やモデルを説明できるようになる。
② 身体活動・運動促進を目的としたナッジについて説明できるようになる。

1．身体活動・運動の支援に理論・モデルを用いる目的

　身体活動・運動の支援と聞いて思い浮かべるのは，フィットネスクラブで働くインストラクターなどの職業ではないだろうか。参加者の運動継続を支援する仕事では，多様な参加者に応じた様々な対応が求められる。自らの指導経験を頼りに参加者の身体活動・運動の支援を行うことは重要なことであるが，それだけでは十分な対応が難しい場合がある。

　これまでの研究成果によって確立された行動変容の理論やモデルを身体活動・運動の支援に用いるメリットとして，① 理論やモデルに示されている行動の変容過程に関わる要因を確認しながら，効果的に企画や介入プログラムの開発を進めることができること，② 行動の変容のみを指標とするだけでなく，行動変容の関連要因の変化も含めて評価することにより，より綿密な評価が可能になり，問題点や改善点が明らかになることの2点が挙げられる（中村，2002）。以下では，行動変容を目的とした代表的な理論・モデルのなかでも，身体活動・運動に適用されてきた理論・モデルを解説する。

2．学　習　理　論

　学習理論は，Skinner（1953）によって提唱され，身体活動・運動の行動変容にも広く適用されている。図15-1は学習理論から見た行動の基本的枠組みを示した。図15-1のように，学習理論では行動を「先行刺激（手がかり）→反応（行動）→強化刺激（結果）」という一連の流れでとらえる（松本，2012b）。

　たとえば，ランニングという行動を支援する場合は，先行刺激に対する働きかけと強

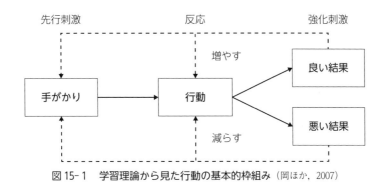

図 15-1　学習理論から見た行動の基本的枠組み（岡ほか，2007）

化刺激に対する働きかけの 2 つがある。先行刺激に対する働きかけとしては，毎日の生活のなかに「ランニングを思い出させる刺激」「ランニングをしたくなる刺激」「ランニングが楽しくなる刺激」などを意識的に増やし，ランニングを始めやすく，継続しやすい環境づくりを行う。たとえば，ランニングシューズを目に付くところに置いておくことや同世代が集まるランニングクラブに入ること，一度は走ってみたいランニングコースをチェックしておくことが当てはまる。このように，行動が生起しやすい環境（きっかけ）を作る方法を刺激コントロール法という。次に，強化刺激に対する働きかけとしては，ランニングを行ったあと，自分にとって良い結果が得られるようにしておく。たとえば，ランニングの爽快感，家族に褒められる，目標を達成したときのご褒美を用意しておくことが当てはまる。このように，行動を行うことによって得られた良い結果が刺激となって，さらに行動が繰り返されるようにする方法をオペラント強化法という。新しい行動を獲得し，維持するためには，ある一定期間，意識的に同じ行動を繰り返し行う必要がある。身体活動・運動は，その行動を行ったあと，すぐにその報酬（より健康になる，体力が増すなど）を得られるものではない。したがって，いかに身体活動・運動を行ったあとのポジティブな結果を上手に用意するかが重要だといえる。

3. 社会的認知理論

　Bandura（1986）によって提唱された社会的認知理論は，健康やスポーツ分野において最もよく知られている心理学理論といえる。社会的認知理論によれば，人間の行動を決定する要因には，先行要因，結果要因，そして認知的要因の 3 つがあり，これらの要因が絡み合って，人と行動および環境という 3 者間の相互作用が形成されている。
　個人の認知的要因としての「予期機能」には，結果予期と効力予期の 2 つのタイプが

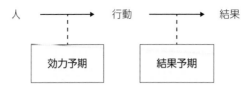

図 15-2　結果予期と効力予期の関係 (坂野, 2002)

ある (図 15-2)。結果予期は, ある行動がどのような結果を生み出すかという予期である。一方, 効力予期は, ある結果を生み出すために必要な行動をどの程度うまくできるかという予期である。そして, 自分がどの程度の効力予期をもっているか, すなわち個人によって知覚された効力予期をセルフエフィカシーとよんでいる。言い換えると, ある行動を起こす前にその個人が感じる遂行可能感, あるいは, 自分には何がどの程度できるかという考えである。

　バンデューラは, セルフエフィカシーに影響を与える情報源として, 遂行行動の達成, 代理的経験, 言語的説得, および生理的・情動的喚起の 4 つを挙げている。

　遂行行動の達成とは, いわば成功体験を得ることであり, 達成感を持つことである。人は一般的に, ある行動をうまく行って成功したと感じたあとでは, 同じ行動に対するセルフエフィカシーは上昇し, 逆に, 失敗したと感じた行動に対しては, のちのセルフエフィカシーは低下する。遂行行動の達成は, セルフエフィカシーの情報源のなかで最も強力なものといわれている (坂野, 2002)。

　代理的経験は, 他人の成功や失敗の様子を観察することによって, 代理性の経験を持つことである。すなわち, 他人の行っているさまを観察することによって, 「これなら自分にもできそうだ」と感じることや, 逆に, 人が失敗している場面を見ることによって自信が弱まるといった経験をいう。

　言語的説得は, 自己暗示や他者からの説得的な暗示のことである。これは手軽な手段であり, 日常的にも頻繁に用いられている。言語的説得を遂行行動の達成や代理的経験に付加することでセルフエフィカシーの増強は可能になる。しかし, 言語的説得だけで高められ, 強められたセルフエフィカシーは, 現実の困難に直面して, たやすく消失することが十分あり得るので, 注意が必要である。

　最後に, 生理的・情動的喚起は, 生理的な反応の変化を体験することである。自分がうまくできるだろうと思っていたことでも, それを行う直前に激しい緊張を感じ, 急に「できないのではないか」と考えたり, 逆に, 自分が落ち着いていることを内部知覚することによって, 「これならできる」という気持ちが高まることがある。このように, 自

己の生理状態を知覚し，情動的な喚起状態を知覚することでセルフエフィカシーは変動する。

4．逆戻り予防モデル

　ある人にとっては定期的な運動を継続することは簡単ではなく，しばしば病気や旅行，また天候などによって，定期的な運動からドロップアウト（離脱）する場合がある。逆戻り予防とは，行動が習慣化されていく過程のなかで，ドロップアウトしそうな問題を予期したり，対処するための助けとなるようにデザインされたセルフコントロールの方略である（Marlatt & Gordon, 1985）。行動の逆戻り（リラプスともいう）とは，望ましい健康行動を継続しようとしているなかでの挫折や失敗を意味する。行動の逆戻りが繰り返されると，習慣が完全に失われるドロップアウトにつながる。

　行動変容の逆戻り過程の始まりは，行動の維持を妨害する危険度の高い状況である（図 15-3）。たとえば，公園でのウォーキングを始めたところ，梅雨の時期に雨が続いてなかなかウォーキングができない場面を考えてみる。運動継続を妨げる危険度の高い状況に対して，行動を維持するための対処行動（たとえば，雨が降ったら家のなかでユーチューブエクササイズをするなど）が起こる。そのような効果的な対処はセルフエフィカシーの増加をもたらし，「うまく対応できる」と感じることによって，逆戻りの可能性を低下させる。しかし，同様の運動継続を妨げる危険度の高い状況において，対処行動が十分でないか，不足している場合，セルフエフィカシーの低下を経験し，「できそうにない（運動を続けられない）」と感じる。このような状況が何度か繰り返されると，抑制妨害効果や否定的な帰属を導く。抑制妨害効果とは，「しばらく休んでいたのだから，

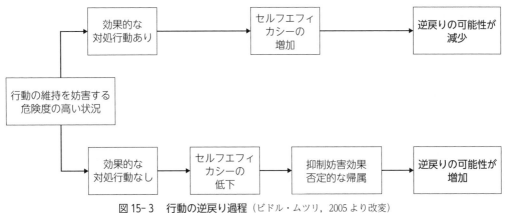

図 15-3　行動の逆戻り過程（ビドル・ムツリ，2005 より改変）

いまさら始めても意味がない」といったようなすべてを放棄してしまう傾向のことをいう。一方，否定的な帰属とは，「私は何をやっても続かない」といったような継続できなかった原因を自己や自らの弱さに帰属することである。その結果，逆戻りの可能性を増加させる。逆戻り予防モデルは，逆戻りする可能性の高い状況と後に起こる逆戻り過程を明らかにし，対処行動を準備しておくために有用なモデルである。

5．トランスセオレティカルモデル

トランスセオレティカルモデル（Prochaska et al., 1994）は，我が国の健康施策に広く用いられている。トランスセオレティカルモデルの特徴は，人が行動を変容し，維持していく過程を5つのステージに分類している点と，行動に対する個人の準備性（レディネス）に応じて介入する内容を変える必要性を強調している点にある。トランスセオレティカルモデルは，単一の概念で形成されている理論・モデルではなく，「行動変容ステージ」「セルフエフィカシー」「意思決定バランス」および「変容プロセス」の4つの構成要素から成り立つ包括的モデルといえる（図15-4）。

（1）トランスセオレティカルモデルの4つの構成要素
1）行動変容ステージ

行動変容ステージは，過去および現在における実際の行動とその行動に対する準備性により「前熟考ステージ」「熟考ステージ」「準備ステージ」「実行ステージ」および「維持ステージ」の5つのステージに分けられる。これらのステージは，直線的に後期のステージに移行するのではなく，前後のステージを行ったり来たりしながら，らせん状に移行すると考えられている。

① 前熟考ステージ：行動を変えることに抵抗を示している段階であり，「ある行動を現在行っておらず，今

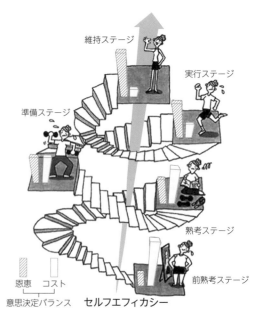

図15-4　トランスセオレティカルモデルの構成要素
（竹中，2005，2009）

後も行うつもりはない」状態を指す。

② 熟考ステージ：行動を変えるかどうかの岐路に立っている段階であり，「ある行動を現在行っていないが，今後行うつもりはある」状態を指す。

③ 準備ステージ：行動を変える準備が整った状態であり，「ある行動を不定期に行っている，もしくは，今すぐにでも行おうとしている」状態を指す。

④ 実行ステージ：すでに行動を実行に移している状態であり，「ある行動を定期的に行っているが，まだ始めたばかり（運動行動の場合，6ヵ月未満の継続）」の状態を指す。

⑤ 維持ステージ：好ましい習慣が形成されている状態であり，「ある行動を定期的に継続して行っている（運動行動の場合，6ヵ月以上の継続）」状態を指す。

2）セルフエフィカシー

セルフエフィカシーの増加は，行動変容ステージの望ましい移行（たとえば，準備ステージから実行ステージへの変化）につながることが明らかになっている。運動行動の変容ステージと運動セルフエフィカシーとの関連を検討した研究では，運動する意図がない前熟考ステージにいる人より，定期的に運動を行っている維持ステージにいる人は，運動セルフエフィカシーが高いことが分かっている。

3）意思決定バランス

意思決定バランスとは，行動の意思決定に関わる恩恵（メリット）と負担（コスト）に対する知覚のバランスのことである。すなわち，本人がその行動を行うことに関して，メリットとコストをどのように感じているかをいう。運動行動の変容に向けた支援策として，前熟考ステージにいる人には少しでも運動するメリットが高まるように，熟考ステージにいる人にはコストが少しでも低くなるように働きかけることが必要といえる。

4）変容プロセス

トランスセオレティカルモデルの特徴的な点は，人の行動変容の説明だけに留まらず，行動変容の具体的方略を示している点にあるといわれており，その方略が変容プロセスとよばれるものである。変容プロセスは，10の方略からなり，認知的プロセス（思考，態度，意識など）と行動的プロセス（行動など）の2つに大きく分けられる（表15-1）。運動行動の変容に向けた支援策は，初期ステージ（前熟考，熟考ステージ）にいる人には認

表 15-1　運動・身体活動についての変容プロセス（松本，2012a）

認知的プロセス	行動的プロセス
◎ 意識の高揚 　身体活動に関する知識を増やす	◎ 逆条件づけ 　代わりの活動を行う
◎ 情動的喚起 　身体活動量の不足が及ぼすリスクに気づく	◎ 援助関係の利用 　周囲からの支援を取り付ける
◎ 環境の再評価 　自分の行動が他人へ及ぼす影響について考える	◎ 褒美 　自分に報酬を与える
◎ 自己の再評価 　身体活動の恩恵について理解する	◎ コミットメント 　身体活動を行うことを決意し，表明する
◎ 社会的解放 　身体活動を増やす機会に気づく	◎ 環境統制 　身体活動について思い出せるようにしておく

知的プロセスに焦点を，後期ステージ（準備，実行，維持ステージ）にいる人には行動プロセスに焦点を当てることが望ましいといわれている。

6．身体活動・運動促進を目的としたナッジ

　これまで身体活動・運動の支援に用いる行動変容の理論・モデルを説明してきたが，これらの理論やモデルが適用しづらい人々がいることも事実である。たとえば，会社の健康診断を受診せず，無料の運動教室にもまったく興味を示さない人々，すなわち健康に無関心な人々にはどのようなアプローチが可能であろうか。

　近年，健康づくりにおけるナッジの活用が注目されている。ナッジとは「行動が起きる環境内において選択肢となる対象の性質や位置を変える介入」と定義されている（井伊ほか，2019）。ナッジの提唱者であり，2017年にノーベル経済学賞を受賞したリチャード・セイラー教授は，「われわれの言う「ナッジ」は，選択を禁じることも，経済的なインセンティブを大きく変えることもなく，人々の行動を予測可能な形で変える選択アーキテクチャーのあらゆる要素を意味している」と述べている（セイラー・サンスティーン，2009）。選択アーキテクチャーとは，人々が選択し，意思決定する際の環境のことである（池本，2021）。したがって，ナッジとは，人々が望ましい行動ができるようにするために，そっと後押しする形で科学的に環境をデザインすることである（高橋ほか，2023）。

　身体活動・運動促進を目的としたナッジの先行研究をまとめた論文によると，約6割がメッセージ入りのポスターやバナーを使用した階段利用促進の研究であることがわかっている（Landais et al., 2020）。たとえば，図15-5のように，エスカレーターと階段が隣接した場所でメッセージ入りのポスターを掲示し，階段利用を促すようにすることで

図 15- 5　階段利用促進を目的としたナッジ　　　　図 15- 6　EAST を活用したナッジ

ある。ここでのポイントは，本人の選択の自由を確保したうえで，より良い選択を促す仕組みになっているかである。このような身体活動・運動支援は，厚生労働省などの行政機関が提供しているポスターなどを使用して誰でも簡単に行うことができる。

　さらに，ナッジを身体活動・運動の支援に用いる際に有益なツールとして，横浜市行動デザインチーム（YBiT）が情報提供している EAST がある。EAST は，Easy（簡単に），Attractive（印象的に），Social（社会的に），Timely（タイムリー）の頭文字であり，行動変容を促す政策を検討する際に活用できるフレームワークである（横浜市行動デザインチーム，2020）。松本（2022）は，この EAST のフレームワークを用いたナッジによる階段利用促進を行っている（図 15-6）。ナッジのメッセージは「階段は無料のフィットネス！（Easy)」「階段アップでスタイルアップ！（Attractive)」「私を踏んだ数だけ，べっぴんになれんで！（Attractive)」「最近，階段を使う女性が増えてるんやって！（Social)」「おうち時間が増えた今こそ，階段！（Timely)」を用いた。このようなフレームワークはエビデンスに基づく介入につながるため，積極的に活用されることが望ましい。

あ と が き

「だれだ，おまえを苦しめるのは，もしや自分自身の心ではあるまいな」

　国宝で世界遺産でもある吉野金峯山寺の秘仏，金剛蔵王大権現の前に立ったとき，そう語りかけられているような気がして，ハッとしたことがあります。私はその当時，小さな悩みを抱えていて，この悩みは自分が作り出しているものなんだと気づき，妙に納得したのでした。あなたも同じような経験があるのではないでしょうか。

　多くの学生が心理学を学ぶことに興味を持つ理由は，もっと成長したい，さらに良くなりたいという成長欲求がそうさせるのだと思います。成長したいという心の土壌に，気づきという種を植え，そこから学びの木が育てば，強い風や激しい雨に負けない太い学びの木が育ちます。

　心理学を学ぶ授業は，あなたに多くの気づきをもたらしてくれるはずです。学びの過程から「なるほど」「そういうことか！」という気づきを得て，新しい視点で物事を見たり，これまでと異なるアプローチで物事に取り組むことが自分の心を築いていくことに繋がります。

　本書は，スポーツ心理学を初めて学ぼうとする大学生や専門学校生が，好奇心を持って授業に取り組める教科書をイメージしながら編集しました。授業が楽しくなる方法は何でしょうか？それは予習をしてから授業を受けることです。「予習なんて面倒だ」「そんな時間はない」と思った方もいると思いますが，内容をみっちりノートに写す予習は必要ありません。学校へ向かう電車の中や授業の前に，教科書を使って「大まかに内容を把握」「なぜ？と思うところを見つける」「そのなぜ？の自分なりの答えを考えてみる」をやってみるだけで授業が楽しくなります（予習のコツをさらに学びたい人は，篠ケ谷［2022］参照）。実際，私の授業でも予習と連動させた授業を行ったところ，「授業の理解度がとても高く感じ，楽しく授業を受けることができた」など約8割が肯定的な回答でした（松本・戸山，2017）。「へぇ～，予習って役に立つのか」と気づきがあった人は，この教科書で予習をしてから授業に臨んでください。「学ぶって楽しいな」と知らずにつぶやいている自分にきっと出会うことができるでしょう。

　最後に，本書の編集および出版にあたり，嵯峨野書院に大変ご尽力頂きました。末尾ながら，衷心より御礼申し上げます。

2024年4月

松 本 裕 史

参考・引用文献

第 1 章

東山明子「心理検査」, 日本スポーツ心理学会編『スポーツメンタルトレーニング教本 [三訂版]』大修館書店, 2016 年, pp. 55-59.

磯貝浩久「心理検査の利用」, 日本スポーツ心理学会編『スポーツ心理学事典』大修館書店, 2008 年, pp. 52-55.

宮下一博「質問紙法による人間理解」, 鎌原雅彦ほか編著『心理学マニュアル 質問紙法』北大路書房, 1998 年, pp. 1-8.

中込四郎「ピークパフォーマンス分析」, 中込四郎編著『メンタルトレーニング・ワークブック』道和書院, 1994 年, pp. 49-60.

立谷泰久ほか「トップアスリートに求められる心理的能力を評価する心理検査の開発」『Journal of High Performance Sport』6, 2020 年, pp. 44-61.

徳永幹雄『ベストプレイへのメンタルトレーニング』大修館書店, 1996 年.

徳永幹雄『体育・スポーツの心理尺度』不昧堂出版, 2004 年.

山本眞理子「心理尺度の使い方」, 堀 洋道監, 山本眞理子編『心理測定尺度集 I』サイエンス社, 2001 年, pp. 311-315.

第 2 章

Doran, G. T., "There's a S.M.A.R.T. way to write management's goals and objectives", *Management Review*, 70, 1981, pp. 35-36.

Dweck, C. S., "Motivational processes affecting learning", *American Psychologist*, 41(10), 1986, pp. 1040-1048.

Dweck, C. S., *Mindset: The new psychology of success*, Random House, 2006.

磯貝浩久「スポーツにおける目標設定」, 日本スポーツ心理学会編『最新スポーツ心理学—その軌跡と展望』大修館書店, 2004 年, pp. 45-54.

磯貝浩久「達成目標理論—目標の性質とやる気」, 中込四郎ほか編著『よくわかるスポーツ心理学』ミネルヴァ書房, 2012 年, pp. 80-83.

伊藤豊彦「スポーツにおける目標設定」, 杉原 隆ほか編著『スポーツ心理学の世界』福村出版, 2000 年, pp. 95-107.

伊藤豊彦ほか「体育・スポーツにおける動機づけ雰囲気研究の現状と展望」『島根大学教育学部紀要』42, 2008 年, pp. 13-20.

Locke, E. A. and Latham, G. P., "Building a practically useful theory of goal setting and task motivation: A 35-year odyssey", *American Psychologist*, 57(9), 2002, pp. 705-717.

松本裕史「スポーツにおける動機づけ」, 荒木雅信・山本真史編著『これから学ぶスポーツ心理学 [三訂版]』大修館書店, 2023 年, pp. 56-65.

マートン, R., 猪俣公宏監訳『コーチング・マニュアル メンタルトレーニング』大修館書店, 1991 年, pp. 175-197.

森 司朗「達成目標, 目標志向性」, 日本スポーツ心理学会編『スポーツ心理学事典』大修館書店, 2008 年, pp. 256-258.

中須賀 巧「体育・スポーツにおける動機づけ」，國部雅大ほか編『これからの体育・スポーツ心理学』講談社，2023 年，pp. 67-77.

西田 保・小縣真二「スポーツにおける達成目標理論の展望」『総合保健体育科学』31(1)，2008 年，pp. 5-12.

Orlick, T. and Partington, J., "Mental links to excellence", *The Sport Psychologist*, 2(2), 1988, pp. 105-130.

杉原 隆『運動指導の心理学―運動学習とモチベーションからの接近』大修館書店，2003 年.

Swann, C. et al., "The (over) use of SMART goals for physical activity promotion: A narrative review and critique", *Health Psychology Review*, 17, 2023, pp. 211-226.

上淵 寿「達成目標理論」，上淵 寿・大芦 治編『新・動機づけ研究の最前線』北大路書房，2019，pp. 20-44.

第 3 章

荒木雅信編『これから学ぶスポーツ心理学』大修館書店，2011 年，p. 8.

ガルウェイ，W. T.，後藤新弥訳『インナーゲーム』日刊スポーツ出版社，1976 年，p. 139.

中込四郎ほか編著『よくわかるスポーツ心理学』ミネルヴァ書房，2012 年，p. 24.

Nideffer, R. M., "Test of attentional and interpersonal style", *Journal of Personality and Social Psychology*, 34(3), 1976, pp. 394-404.

日本スポーツ心理学会編『スポーツ心理学事典』大修館書店，2008 年，p. 171.

佐々木丈予「注意と運動制御」『体育の科学』68(3)，2018 年，pp. 219-223.

Singer, R. N., "Preperformance state, routines and automaticity: What does it take to realize expertise in self-paced events?", *Journal of Sport and Exercise Psychology*, 24(4), 2002, pp. 359-375.

徳永幹雄編『教養としてのスポーツ心理学』大修館書店，2005 年，pp. 35-36.

ウルフ，G.，福永哲夫監訳『注意と運動学習―動きを変える意識の使い方』市村出版，2010 年.

第 4 章

Chalabaev, A. et al., "Do achievement goals mediate stereotype threat?: An investigation on females' soccer performance", *Journal of Sport and Exercise Psychology*, 30(2), 2008, pp. 143-158.

カディ，A.，石垣賀子訳『＜パワーポーズ＞が最高の自分を創る』早川書房，2016 年.

ドゥエック，C. S.，今西康子訳『マインドセット「やればできる！」の研究』草思社，2016 年.

マイヤーズ，D.，村上郁也訳『マイヤーズ心理学』西村書店，2015 年，p. 206, pp. 324-325, pp. 373-389.

中込四郎編著『メンタルトレーニング・ワークブック』道和書院，1994 年，pp. 121-132.

日本スポーツ心理学会編『スポーツ心理学事典』大修館書店，2008 年，pp. 271-272, pp. 447-449.

関矢寛史「注意・集中力と身体運動」『体育の科学』68(2)，2018 年，pp. 141-145.

Stone, J. et al., "Stereotype threat effects on black and white athletic performance", *Journal of Personality and Social Psychology*, 77(6), 1999, pp. 1213-1227.

Strack, F. et al., "Inhibiting and facilitating conditions of the human smile: A nonobtrusive test of the facial feedback hypothesis", *Journal of Personality and Social Psychology*, 54, 1988, pp. 768-777.

田中美吏・柄木田健太「運動パフォーマンスへの皮肉過程理論の援用―皮肉エラーと過補償エラーの実証とメカニズム」『スポーツ心理学研究』46，2019 年，pp. 27-39.

外山美樹「悲観主義の機能―物事を悲観的にとらえることによって成功している防衛的悲観主義者」『体育の科学』69(8)，2019 年，pp. 561-564.

第 5 章

荒木雅信編『これから学ぶスポーツ心理学』大修館書店，2011 年，p. 86.

Bandura, A., *Social foundations of thought and action: a social cognitive theory*, Prentice-Hall, 1986.

Bandura, A. et al., "Transmission of aggression through imitation of aggressive models", *Journal of Abnormal and Social Psychology*, 63(3), 1961, pp. 575-582.

Fadiga, L. et al., "Motor facilitation during action observation: a magnetic stimulation study", *Journal of Neurophysiology*, 73(6), 1995, pp. 2608-2611.

樋口貴広・森岡 周『身体運動学―知覚・認知からのメッセージ』三輪書店，2008 年，p. 181.

池上 剛「高次機能 運動伝染とは何か」『Clinical Neuroscience』38(6)，2020，pp. 751-755.

池田悠稀ほか「情動伝染の個人特性と脳内ミラーシステム活動特性の関連」『日本生理人類学会誌』21(2)，2016 年，pp. 69-74.

猪俣公宏ほか「動作系列学習におけるモデル提示角度の影響」『総合保健体育科学』6(1)，1983 年，pp. 137-141.

Jacobson, E., "Electrophysiology of mental activities", *The American Journal of Psychology*, 44(4), 1932, pp. 677-694.

松田岩男・杉原 隆編著『新版 運動心理学入門』大修館書店，1987 年，p. 197.

McCullagh, P., "Model similarity effects on motor performance", *Journal of Sport Psychology*, 9, 1987, pp. 249-260.

McCullagh, P. et al., "Modeling considerations in motor skill acquisition and performance: an integrated approach", *Exercise and Sport Sciences Reviews*, 17(1), 1989, pp. 475-513.

中込四郎編著『メンタルトレーニング・ワークブック』道和書院，1994 年，pp. 101-102.

中込四郎ほか編著『よくわかるスポーツ心理学』ミネルヴァ書房，2012 年，p. 31.

Rizzolatti, G. et al., "Functional organization of inferior area 6 in the macaque monkey. Ⅱ. Area F5 and the control of distal movements", *Experimental Brain Research*, 71(3), 1988, pp. 491-507.

Rizzolatti, G. et al., "Localization of grasp representations in humans by PET: 1. Observation versus execution", *Experimental Brain Research*, 111(2), 1996, pp. 246-252.

佐々木秀幸ほか編『公認スポーツ指導者養成テキスト 共通科目Ⅱ』日本体育協会，2005 年，p. 65.

Sidaway, B. and Hand, M. J., "Frequency of modeling effects on the acquisition and retention of a motor skill", *Research Quarterly for Exercise and Sport*, 64(1), 1993, pp.

122-126.

田嶌誠一『イメージ体験の心理学』講談社，1992 年.

竹内竜也ほか「自動模倣傾向の個人差が観察による運動学習の効率に与える影響」『スポーツ心理学研究』46(1)，2019 年，pp. 13-26.

徳永幹雄編『教養としてのスポーツ心理学』大修館書店，2005 年，p. 48.

山崎勝男監『スポーツ精神生理学』西村書店，2012 年，p. 180.

第 6 章

春木 豊『動きが心をつくる―身体心理学への招待』講談社，2011 年.

小板橋喜久代「リラクセーション法②筋弛緩法」『ナーシング・トゥデイ』25(5)，2010a 年，pp. 14-16.

小板橋喜久代「リラクセーション法③自律訓練法」『ナーシング・トゥデイ』25(6)，2010b 年，pp. 44-46.

中込四郎「リラクセーション技法」，中込四郎編『メンタルトレーニング・ワークブック』道和書院，1994 年，pp. 25-34.

坂入洋右「リラクセーション技法」，日本スポーツ心理学会編『スポーツメンタルトレーニング教本［三訂版］』大修館書店，2016 年，pp. 87-91.

立谷泰久「リラクセーション技法」，中込四郎ほか編『よくわかるスポーツ心理学』ミネルヴァ書房，2012 年，pp. 156-159.

第 7 章

Gorgulu, R., "Ironic or overcompensation effects of motor behaviour: An examination of a tennis serving task under pressure", *Behavioral Sciences*, 9(2), 2019, article 21.

Gray, R. et al., "Ironic and reinvestment effects in baseball pitching: How information about an opponent can influence performance under pressure", *Journal of Sport and Exercise Psychology*, 39(1), pp. 3-12.

Iwatsuki, T. and Otten, M. P., "Providing choice enhances motor performance under psychological pressure", *Journal of Motor Behavior*, 53(5), 2021, pp. 656-662.

Martens, R. et al., *Competitive anxiety in sport*, Human Kinetics, 1990.

松田岩男「運動選手の性格特性と"あがり"に関する研究」『体育学研究』6(1)，1961 年，pp. 355-358.

Mesagno, C. et al., "Alleviating choking: The sounds of distraction", *Journal of Applied Sport Psychology*, 21(2), 2009, pp. 131-147.

Mesagno, C. and Mullane-Grant, T., "A comparison of different pre-performance routines as possible choking interventions", *Journal of Applied Sport Psychology*, 22(3), 2010, pp. 343-360.

日本スポーツ心理学会編『スポーツ心理学事典』大修館書店，2008 年，p. 263.

田中美吏「心理的プレッシャー下におけるゴルフパッティング―症状と対処に関する実験研究」『体育学研究』59，2014 年，pp. 1-15.

田中美吏「プレッシャー下での注意・知覚とパフォーマンス」『体育の科学』68(5)，2018 年，pp.

367-372.

Vine, S. J. et al., "Quiet eye training facilitates competitive putting performance in elite golfers", *Frontiers in Psychology*, 2(8), 2011, article 8.

山﨑勝男監『スポーツ精神生理学』西村書店，2012 年，p. 158.

Yoshie, M. et al., "Music performance anxiety in skilled pianists: effects of social-evaluative performance situation on subjective, autonomic, and electromyographic reactions", *Experimental Brain Research*, 199(2), 2009, pp. 117-126.

第 8 章

Clarke, P. et al., "The yips in sport: A systematic review", *International Review of Sport and Exercise Psychology*, 8(1), 2015, pp. 156-184.

ゴールドバーグ，A. S.，佐藤雅幸監訳『スランプをぶっとばせ！―メンタルタフネスへの 10 ステップ』ベースボール・マガジン社，2000 年.

石井源信ほか編『現場で活きるスポーツ心理学』杏林書院，2012 年，p. 101.

柄木田健太ほか「スポーツにおけるイップスのアセスメント・症状・対処」『スポーツ心理学研究』49(1)，2022 年，pp. 5-19.

松田晃二郎ほか「イップスを経験したスポーツ選手の心理的成長―野球選手を対象として」『スポーツ心理学研究』45(2)，2018 年，pp. 73-87.

中村珍晴ほか「スポーツ傷害に特化した心的外傷後成長の特徴」『体育学研究』63，2018 年，pp. 291-304.

日本スポーツ心理学会編『スポーツ心理学事典』大修館書店，2008 年，pp. 612-618.

Stead, J. et al., "Performance slumps in sport: A systematic review", *Psychology of Sport and Exercise*, 61(3), 2022, pp. 102-136.

Taylor, J. "Slumpbusting: A systematic analysis of slumps in sports", *The Sport Psychologist*, 2(1), 1988, pp. 39-48.

内田 直編著『アスリートのメンタルケア―選手の心の悩みケースブック』大修館書店，2020 年.

Weinberg, R. S. and Gould, D., *Foundations of Sport and Exercise Psychology* (*6th ed.*), Human Kinetics, 2015, pp. 505-528.

第 9 章

安藤史高・岡田 涼「自律を支える人間関係」，中谷素之編著『学ぶ意欲を育てる人間関係づくり―動機づけの教育心理学』金子書房，2007 年，pp. 35-55.

青柳 肇「モティベーション」，杉山憲司・青柳 肇編『ヒューマン・サイエンス―心理学アプローチ』ナカニシヤ出版，2004 年，pp. 77-82.

deCharms, R., *Enhancing Motivation: Change in the Classroom*, 1976, 佐伯 胖訳『やる気を育てる教室―内発的動機づけ理論の実践』金子書房，1980 年.

Deci, E. L. and Ryan, R. M., *Intrinsic motivation and self-determination in human behavior*, Plenum. 1985.

Deci, E. L. and Ryan, R. M., *Handbook of self-determination research*, The University of Rochester Press, 2002.

鹿毛雅治『モチベーションの心理学―「やる気」と「意欲」のメカニズム』中央公論新社，2022 年.

松本裕史「運動行動の促進―運動実践への介入」，中込四郎ほか編著『よくわかるスポーツ心理学』ミネルヴァ書房，2012 年，pp. 120-123.

松本裕史「スポーツにおける動機づけ」，荒木雅信・山本真史編著『これから学ぶスポーツ心理学［三訂版］』大修館書店，2023 年，pp. 56-65.

Matsumoto, H. and Takenaka, K., "Motivational profiles and stages of exercise behavior change", *International Journal of Sport and Health Science*, 2, 2004, pp. 89-96.

Matsumoto, H. and Takenaka, K., "Relationship between basic psychological needs and exercise motivation in Japanese adults: An application of self-determination theory", *Japanese Psychological Research*, 64(4), 2022, pp. 385-396.

松本裕史ほか「自己決定理論に基づく運動継続のための動機づけ尺度の開発―信頼性および妥当性の検討」『健康支援』5(2)，2003 年，pp. 120-129.

Matsumoto, H. et al., "A revised Self-determined Motivation Scale for Exercise with integrated regulation inclusion", *Journal of Health Psychology Research*, 34(1), 2021, pp. 13-22.

Matsumoto, H. et al., "Psychometric properties of the controlling coach behaviors scale for Japanese athletes", *Asian Journal of Sport and Exercise Psychology*, 3(2), 2023, pp. 130-136.

Mossman, L. H. et al., "Autonomy support in sport and exercise settings: A systematic review and meta-analysis", *International Review of Sport and Exercise Psychology*, 2022, pp. 1-24.

Murray, E. J., *Motivation and emotion*, Prentice Hall, 1964.

西村多久磨「自己決定理論」，上淵 寿・大芦 治編著『新・動機づけ研究の最前線』北大路書房，2019 年，pp. 45-73.

Reeve, J., *Understanding motivation and emotion*, John Wiley & Sons, 2018.

Ryan, R. M., *The oxford handbook of self-determination theory*, Oxford University Press, 2023.

Ryan, R. M. and Deci, E. L., *Self-determination theory: Basic psychological needs in motivation, development, and wellness*, Guilford publications, 2017.

Teixeira, P. J. et al., "Exercise, physical activity, and self-determination theory: a systematic review", *International Journal of Behavioral Nutrition and Physical Activity*, 9, 2012, pp. 1-30.

戸山彩奈ほか「スポーツ指導者の統制的行動が女子大学スポーツ選手の動機づけに及ぼす影響」『スポーツ心理学研究』47(1)，2020 年，pp. 1-11.

上淵 寿「動機づけ研究の省察」，上淵 寿・大芦 治編著『新・動機づけ研究の最前線』北大路書房，2019 年，pp. 1-19.

Wasserkampf, A. et al., "Changing the quality of motivation over time in health and fitness settings", *ACSM's Health & Fitness Journal*, 21(5), 2017, pp. 33-39.

White, R. W., "Motivation reconsidered: The concept of competence", *Psychological Review*, 66, 1959, pp. 297-333.

第 10 章

Asch, S. E., "Effects of group pressure upon the modification and distortion of judgments", In: Guetzkow, H. (Ed.), *Groups, leadership and men; research in human relations*, Carnegie Press, 1951, pp. 177-190.

Bandura, A., *Self-efficacy: The exercise of control*, W. H. Freeman, 1997.

Carron, A. V. et al., *Group dynamics in sport (3rd ed.)*, Fitness Information Technology, 2005.

Carron, A. V. et al., "Group cohesion in sport and exercise: Past, present and future", In: Beauchamp, M. R. et al. (Eds.), *Group dynamics in exercise and sport psychology: Contemporary themes*, Routledge, 2007, pp. 117-140.

Chow, G. M. and Feltz, D. L., "Exploring new directions in collective efficacy and sport", In: Beauchamp, M. R. et al. (Eds.), *Group dynamics in exercise and sport psychology: Contemporary themes*, Routledge, 2007, pp. 221-248.

今井芳昭「社会的影響」，中島義明ほか編『心理学辞典』有斐閣，1999 年，pp. 367-368.

亀田達也「集団凝集性」，中島義明ほか編『心理学辞典』有斐閣，1999 年，p. 185.

Karau, S. J. and Wilhau, A. J., "Social loafing and motivation gains in groups: An integrative review", In: Karau, S. J. (Ed.), *Individual motivation within groups: Social loafing and motivation gains in work, academic, and sports teams*, Academic Press, 2020, pp. 3-51.

小関八重子「同調」，中島義明ほか編『心理学辞典』有斐閣，1999 年，pp. 630-631.

釘原直樹『グループ・ダイナミックス—集団と群集の心理学』有斐閣，2011 年.

釘原直樹『人はなぜ集団になると怠けるのか—「社会的手抜き」の心理学』中央公論新社，2013 年.

Latané, B. et al., "Many hands make light the work: The causes and consequences of social loafing", *Journal of Personality and Social Psychology*, 37(6), 1979, pp. 822-832.

Martin, L. J. et al., "Team building interventions in sport: A meta-analysis", *Sport and Exercise Psychology Review*, 5(2), 2009, pp. 3-18.

Steiner, I. D., *Group process and productivity*, Academic Press, 1972.

Williams, K. D. and Karau, S. J., "Social loafing and social compensation: The effects of expectations of co-worker performance", *Journal of Personality and Social Psychology*, 61(4), 1991, pp. 570-581.

山口裕幸『チームワークの心理学—よりよい集団づくりをめざして』サイエンス社，2008 年.

吉田俊和「社会的手抜き」，中島義明ほか編『心理学辞典』有斐閣，1999 年，p. 374.

第 11 章

朝日新聞「体罰，運動部員 6 割容認—3 大学に朝日新聞社アンケート」『朝日新聞』2013 年 5 月 12 日朝刊，p. 16.

長谷川寿一ほか『はじめて出会う心理学［改訂版］』有斐閣，2008 年.

楠本恭久ほか「体育専攻学生の体罰意識に関する基礎的研究—被体罰経験の調査から」『日本体育大学紀要』28(1)，1998 年，pp. 7-15.

日本行動分析学会「「体罰」に反対する声明」『行動分析学研究』29(2)，2015 年，pp. 96-107.

スキナー，B. F.「罰なき社会」『行動分析学研究』5(2)，1990 年，pp. 87-106.

杉山尚子ほか『行動分析学入門』産業図書，1998 年.

東京都教育委員会「体罰根絶に向けた総合的な対策の策定について」2014 年，https://www.kyoiku.metro.tokyo.lg.jp/school/content/physical_training_and_club_activity/release20140123_02.html（参照日 2023 年 10 月 31 日）

内田遼介「体罰に対する認識と実情―根絶するために必要なこと」，荒井弘和編著『アスリートのメンタルは強いのか？―スポーツ心理学の最先端から考える』晶文社，2020 年，pp. 149-170.

内田遼介ほか「運動部活動場面での被体罰経験が体罰への容認的態度に及ぼす影響」『心理学研究』91(1)，2020 年，pp. 1-10.

全国大学体育連合「運動部活動等における体罰・暴力に関する調査報告書」2014 年，https://2020.daitairen.or.jp/?p=6448（参照日 2023 年 10 月 31 日）

第 12 章

麓 信義編『運動行動の学習と制御―動作制御へのインターディシプリナリー・アプローチ』杏林書院，2006 年，p. 2，p. 73，pp. 191-200.

石井源信ほか編『現場で活きるスポーツ心理学』杏林書院，2012 年，pp. 96-101.

村瀬 豊・宮下充正「ボウリングのキネシオロジー」『体育の科学』23(10)，1973 年，pp. 654-659.

中川 昭「ボールゲームにおける状況判断研究のための基本概念の検討」『体育学研究』28，1984a 年，pp. 287-297.

中川 昭「ボールゲームにおける状況判断能力とスキルの関係」『筑波大学体育科学系紀要』7，1984b 年，pp. 85-92.

中込四郎ほか編著『よくわかるスポーツ心理学』ミネルヴァ書房，2012 年，p. 71.

日本スポーツ心理学会編『スポーツ心理学事典』大修館書店，2008 年，p. 174.

Pick, H. L. et al., "Sensory conflict in judgments of spatial direction", *Perception and Psychophysics*, 6(4), 1969, pp. 203-205.

シュミット，R. A.，調枝孝治監訳『運動学習とパフォーマンス―理論から実践へ』大修館書店，1994 年，p. 18.

Trachtman, J. N. and Kluka, D. A., "Future trends in vision as they relate to peak performance in sport", *International Journal of Sports Vision*, 1, 1993, pp. 1-7.

Vickers, J. N., *Perception, cognition, and decision training: The quiet eye in action*, Human Kinetics, 2007, pp. 34-38, pp. 65-158.

山崎勝男監『スポーツ精神生理学』西村書店，2012 年，p. 209.

第 13 章

Ericsson, K. A. et al., "The role of deliberate practice in the acquisition of expert performance", *Psychological Review*, 100(3), 1993, pp. 363-406.

加藤貴昭「熟練スポーツ競技者の眼球運動」『臨床スポーツ医学』32(12)，2015 年，pp. 1156-1162.

中本浩揮ほか「知覚トレーニングが初級打者の予測とパフォーマンスに与える効果」『体育学研究』50，2005 年，pp. 581-591.

日本スポーツ心理学会編『スポーツ心理学事典』大修館書店，2008 年，p. 154，p. 188.

新畑茂充・関矢寛史『実践的メンタルトレーニングの考え方・進め方』黎明書房，1997 年，pp.

115-123.

シュミット，R. A.，調枝孝治監訳『運動学習とパフォーマンス―理論から実践へ』大修館書店，1994 年，p. 51.

Shea, C. H. and Kohl, R. M., "Composition of practice: Influence on the retention of motor skills", *Research Quarterly for Exercise and Sport*, 62(2), 1991, pp. 187-195.

杉原 隆ほか編著『スポーツ心理学の世界』福村出版，2000 年，p. 29.

Swinnen, S. P. et al., "Information feedback for skill acquisition: Instantaneous knowledge of results degrades learning", *Journal of Experimental Psychology: Learning, Memory, and Cognition*, 16(4), 1990, pp. 706-716.

田中ゆふ・関矢寛史「投球予測における顕在的・潜在的知覚トレーニングの効果」『体育学研究』55，2010 年，pp. 499-511.

田中ゆふほか「投球動作前の確率情報を伴う球種予測に顕在的・潜在的知覚トレーニングが及ぼす影響」『スポーツ心理学研究』40(2)，2013 年，pp. 109-124.

Vine, S. J. and Wilson, M. R., "Quiet eye training: Effects on learning and performance under pressure", *Journal of Applied Sport Psychology*, 22(4), 2010, pp. 361-376.

第 14 章

橋本公雄・斉藤篤司『運動継続の心理学―快適自己ペースとポジティブ感情』福村出版，2015 年.

Holmes, T. H. and Rahe, R. H., "The Social Readjustment Rating Scale", *Journal of Psychosomatic Research*, 11(2), 1967, pp. 213-218.

International Society of Sport Psychology, "Physical activity and psychological benefits: A position statement from the International Society of Sport Psychology", *Journal of Applied Sport Psychology*, 4(1), 1992, pp. 94-98.

煙山千尋「スポーツ・運動とメンタルヘルス」，國部雅大ほか編『これからの体育・スポーツ心理学』講談社，2023 年，pp. 126-137.

Lazarus, R. S. and Folkman, S., *Stress, appraisal, and coping*, Springer publishing company, 1984.

嶋田洋徳・鈴木伸一編著，坂野雄二監『学校，職場，地域におけるストレスマネジメント実践マニュアル』北大路書房，2004 年.

竹中晃二「運動と心のストレス―運動が果たすストレス対処効果」，竹宮 隆・下光輝一編『運動とストレス科学』杏林書院，2003 年，pp. 171-183.

山口豊子「ストレスのアセスメント」，森 和代ほか編『よくわかる健康心理学』ミネルヴァ書房，2012 年，pp. 58-59.

山中 寛・冨永良喜編著『動作とイメージによるストレスマネジメント教育 基礎編』北大路書房，2000 年.

第 15 章

Bandura, A., *Social foundations of thought and action: A social cognitive theory*, Prentice-Hall, 1986.

ビドル，S. J. H.・ムツリ，N.，竹中晃二・橋本公雄監訳『身体活動の健康心理学―決定因・安寧・介入』大修館書店，2005 年.

井伊雅子ほか『新医療経済学』日本評論社，2019 年.

池本忠弘「日本におけるナッジ・行動インサイト」，白岩祐子ほか編著『ナッジ・行動インサイトガイドブック―エビデンスを踏まえた公共政策』勁草書房，2021 年，pp. 53-76.

井上 茂ほか『運動指導 7 つのコツ―わかる！使える！行動療法活用術』丹水社，2008 年.

Landais, L. L. et al., "Choice architecture interventions to change physical activity and sedentary behavior: a systematic review of effects on intention, behavior and health outcomes during and after intervention", *International Journal of Behavioral Nutrition and Physical Activity*, 17, 2020, pp. 1-37.

マーカス，B. H.・フォーサイス，L. H.，下光輝一ほか監訳『行動科学を活かした身体活動・運動支援―活動的なライフスタイルへの動機付け』大修館書店，2006 年.

Marlatt, G. A. and Gordon, J. R., *Relapse prevention: Maintenance strategies in the treatment of addictive behaviors*, Guilford Press, 1985.

松本裕史「運動行動の変容―トランスセオレティカル・モデル」，中込四郎ほか編著『よくわかるスポーツ心理学』ミネルヴァ書房，2012a 年，pp. 118-119.

松本裕史「運動行動の促進―運動実践への介入」，中込四郎ほか編著『よくわかるスポーツ心理学』ミネルヴァ書房，2012b 年，pp. 120-123.

松本裕史「若年女性におけるナッジを用いた階段利用促進―環境保全メッセージは有効か？」『体育学研究』67，2022 年，pp. 319-327.

松本裕史「健康増進を目的とした身体活動・運動の参加と継続」，荒木雅信・山本真史編著『これから学ぶスポーツ心理学［三訂版］』大修館書店，2023 年，pp. 142-150.

中村正和「行動科学に基づいた健康支援」『栄養学雑誌』60(5)，2002 年，pp. 213-222.

岡 浩一朗ほか「行動科学に基づいた運動・身体活動支援―どのようにすれば効果的な支援ができるのか」『運動・身体活動と行動変容 理論編』健康・体力づくり事業財団，2007 年.

Prochaska, J. O. et al., *Changing for good*, Avon Books, 1994.

坂野雄二「人間行動とセルフ・エフィカシー」，坂野雄二・前田基成編著『セルフ・エフィカシーの臨床心理学』北大路書房，2002 年.

Skinner, B. F., *Science and Human Behavior*, Macmillan, 1953.

祐宗省三ほか『社会的学習理論の新展開』金子書房，1985 年.

髙橋勇太ほか『保健活動で使える！ナッジ―押さえておくべき基本と実践例』医学書院，2023 年.

竹中晃二『ストレスマネジメント―「これまで」と「これから」』ゆまに書房，2005 年，p. 163.

竹中晃二「健康行動理論の基本」『糖尿病』52(7)，2009 年，pp. 507-510.

セイラー，R.・サンスティーン，C.，遠藤真美訳『実践 行動経済学―健康，富，幸福への聡明な選択』日経 BP，2009 年.

横浜市行動デザインチーム YBiT「EAST 活用ガイド ver1」2020 年，https://ybit.jp/（参照日 2022 年 8 月 13 日）

あとがき

松本裕史・戸山彩奈「健康・スポーツ系学生を対象とした予習レポートによる授業改善の工夫―WEB アンケートによる評価を活用して」『武庫川女子大学情報教育センター紀要』26，2017 年，pp. 11-16.

篠ヶ谷圭太『予習の科学―「深い理解」につなげる家庭学習』図書文化社，2022 年.

索　引

著者紹介 （＊印編者）

＊田中 美吏　　第3〜5章，第7章，第8章，第12章，第13章
広島大学大学院生物圏科学研究科博士課程後期修了 博士（学術）
［現　　職］
武庫川女子大学健康・スポーツ科学部健康・スポーツ科学科 教授
［主要著作］

「プレッシャー下のパフォーマンスに対する運動制御からの理解」『スポーツ心理学の挑戦—その広がりと深まり』（共著），大修館書店，2023年，pp.111-121.

"The influence of audience and monetary reward on the putting kinematics of expert and novice golfers." (first author), *Research Quarterly for Exercise and Sport*, 81(4), 2010, pp.416-424.

「心理的プレッシャー下におけるゴルフパッティング：症状と対処に関する実験研究」（単著），『体育学研究』59，2014年，pp.1-15.

＊松本 裕史　　第1章，第2章，第6章，第9章，第14章，第15章
早稲田大学大学院人間科学研究科博士後期課程修了 博士（人間科学）
［現　　職］
武庫川女子大学健康・スポーツ科学部健康・スポーツ科学科 教授
［主要著作］

"Psychometric properties of the controlling coach behaviors scale for Japanese athletes." (first author), *Asian Journal of Sport and Exercise Psychology*, 3(2), 2023, pp.130-136.

"Relationship between basic psychological needs and exercise motivation in Japanese adults: An application of self-determination theory." (first author), *Japanese Psychological Research*, 64(4), 2022, pp.385-396.

"A revised self-determined motivation scale for exercise with integrated regulation inclusion." (first author), *Journal of Health Psychology Research*, 34(1), 2021, pp.13-22.

内田 遼介　　第10章，第11章
大阪大学大学院人間科学研究科博士後期課程修了 博士（人間科学）
［現　　職］
流通科学大学人間社会学部人間健康学科 准教授
［主要著作］

「体罰に対する認識と実情—根絶するために必要なこと」『アスリートのメンタルは強いのか？—スポーツ心理学の最先端から考える』（共著），晶文社，2020年，pp.149-170.

「過去経験が集合的効力感に及ぼす影響—成員の道具性に着目した検討」（共著），『心理学研究』88(3)，2017年，pp.219-229.

「運動部活動場面での被体罰経験が体罰への容認的態度に及ぼす影響」（共著），『心理学研究』91(1)，2020年，pp.1-11.

健康とスポーツの心理学　　　　　　　　　　　　　　　《検印省略》

2024年6月10日　第1版第1刷発行

編著者　田　中　美　吏
　　　　松　本　裕　史

発行者　前　田　　茂

発行所　嵯峨野書院
〒615-8045　京都市西京区牛ヶ瀬南ノ口町39　電話(075)391-7686　振替 01020-8-40694

©Yoshifumi Tanaka, Hiroshi Matsumoto, 2024　　　創栄図書印刷・吉田三誠堂製本所

ISBN978-4-7823-0625-3

やさしいスポーツ医科学の基礎知識

（一社）メディカル・フィットネス協会 監修
藤本繁夫・大久保 衞・岡田邦夫 編著

スポーツ選手がセルフケア，セルフコンディショニングを行ううえでの必要な知識を掲載。選手のみならず，家族，コーチ等にも知っておいてほしい基礎的な医科学知識も学べる。

B5・並製・120頁・定価（本体1800円＋税）

子どもにおける「体つくり運動」の基礎と実践

三村寛一 編著

図表や写真を数多く取り入れながら，発育期の子どもの運動生理学的・運動学的特徴を理解し，「体つくり運動」の意義と方法，実践例を多数知ることができる。

B5・並製・158頁・定価（本体2500円＋税）

やさしいスチューデントトレーナーシリーズ
（一社）メディカル・フィットネス協会 監修

1. スポーツ社会学

八木田恭輔 編
B5・並製・114頁・定価（本体1900円＋税）

2. 新・スポーツ心理学

伊達萬里子 編
B5・並製・198頁・定価（本体2600円＋税）

3. 新・スポーツ生理学

三村寛一・鉄口宗弘 編
B5・並製・144頁・定価（本体2400円＋税）

4. 新・スポーツ医学
　　　［改訂新版］

藤本繁夫・大久保 衞 編
B5・並製・292頁・定価（本体3500円＋税）

5. 新・スポーツ栄養学

井奥加奈 編
B5・並製・188頁・定価（本体2600円＋税）

6. スポーツ指導論

三村寛一 編
B5・並製・134頁・定価（本体2100円＋税）

7. アスレティック・リハビリテーション

小柳磨毅 編
B5・並製・216頁・定価（本体2850円＋税）

8. コンディショニング

小柳磨毅 編
B5・並製・148頁・定価（本体2300円＋税）

9. テーピング

髙木信良 編
B5・並製・110頁・定価（本体2200円＋税）

嵯峨野書院

学科		学年		クラス		番号		氏名	

学科		学年		クラス		番号		氏名	

学科		学年		クラス		番号		氏名	

学科		学年		クラス		番号		氏名	

学科		学年		クラス		番号		氏名	

学科		学年		クラス		番号		氏名	

学科		学年		クラス		番号		氏名	

学科		学年		クラス		番号		氏名